漢字検定 ピタリ! 予想模試

目次と得点記録表

	学習日	合格点	得　点	コメント
予想模擬テスト ❶ …… 2	/	140点	点	
予想模擬テスト ❷ …… 6	/	140点	点	
予想模擬テスト ❸ …… 10	/	140点	点	
予想模擬テスト ❹ …… 14	/	140点	点	
予想模擬テスト ❺ …… 18	/	140点	点	
予想模擬テスト ❻ …… 22	/	140点	点	
予想模擬テスト ❼ …… 26	/	140点	点	
予想模擬	/	140点	点	
予想模擬	/	140点	点	
予想模擬	/	140点	点	
予想模擬テスト ⓫ …… 42	/	140点	点	
予想模擬テスト ⓬ …… 46	/	140点	点	
予想模擬テスト ⓭ …… 50	/	140点	点	

【資料1】知っておきたい対義語・類義語（一例）54

【資料2】同じ読みのじゅく語・漢字 …… 55

● 解　答　編 …… 別さつ

資料　6級配当漢字表

◇ コメントには弱点などを書き入れ，回を追うごとに力がつくようにしてください。

◇ 常用漢字表に対応しています。

予想模擬テスト①

答えには、常用漢字の旧字体や表外漢字および常用漢字音訓表以外の読みを使ってはいけない。

時間 60分
合格点 140/200
得点

(一) 次の――線の漢字の読みをひらがなで書きなさい。 (20) 1×20

1 テレビを市価の半額で買う。( )
2 鉱石にはいろいろな種類がある。( )
3 にわか雨がさっと通り過ぎた。( )
4 中国には大きな河がある。( )
5 土地の測量図を作成する。( )
6 庭から古い小判が出てきた。( )
7 電話で正午の時報を聞く。( )
8 サーカスの象が逆立ちをする。( )
9 運動会の予行演習をする。( )

(二) 次の――線のカタカナを○の中の漢字と送りがな(ひらがな)で書きなさい。 (10) 2×5

〈例〉(投) ボールをナゲル。(投げる)

1 (混) 雨の中にみぞれがマジル。( )
2 (断) 入会のさそいをコトワル。( )
3 (現) 人里にクマがアラワレル。( )
4 (率) グループ全体をヒキイル。( )
5 (喜) 多くの人にヨロコバレル。( )

(三) 次の漢字の部首名と部首を書きなさい。部首名は、後の□から選んで記号で答えなさい。 (10) 1×10

〈例〉林・村　部首名(ア)　部首(木)

(四) 次の漢字の太い画のところは筆順の何画目か、また総画数は何画か、算用数字(1、2、3…)で答えなさい。 (10) 1×10

〈例〉投　何画目(5)　総画数(7)

	何画目	総画数
布	(1)	(2)
張	(3)	(4)
制	(5)	(6)
個	(7)	(8)
殺	(9)	(10)

10 税理士の資格を取得する。（　　）
11 家の周囲を見まわる。（　　）
12 事件の手がかりを探す。（　　）
13 キュリー夫妻の伝記を読む。（　　）
14 雑木林でどんぐりを拾う。（　　）
15 母の料理には文句の付けようがない。（　　）
16 ダイヤモンドは炭素の結晶（しょう）だ。（　　）
17 漁師が早朝から船を出す。（　　）
18 市街地に新居を構える。（　　）
19 新入社員が研修を受ける。（　　）
20 無事に救助される。（　　）

	部首名	部首
肥・脈	（1）	（2）
巣・営	（3）	（4）
因・団	（5）	（6）
務・効	（7）	（8）
照・然	（9）	（10）

ア きへん　　イ れんが れっか
ウ き　　エ ちから
オ くにがまえ　　カ うけばこ
キ にくづき　　ク つかんむり
ケ ほこ　　コ ひへん

（五） 漢字を二字組み合わせたじゅく語では、二つの漢字の間に意味の上で、次のような関係があります。（20）2×10

ア 反対や対（つい）になる意味の字を組み合わせたもの。（例…上下）

イ 同じような意味の字を組み合わせたもの。（例…森林）

ウ 上の字が下の字の意味を説明（修飾（しゅうしょく））しているもの。（例…海水）

エ 下の字から上の字へ返って読むと意味がよくわかるもの。（例…消火）

次のじゅく語は、右のア〜エのどれにあたるか、記号で答えなさい。

1 製塩（　　）
2 公私（　　）
3 飼育（　　）
4 失業（　　）
5 悲喜（　　）
6 永年（　　）
7 寄航（　　）
8 計測（　　）
9 綿糸（　　）
10 自他（　　）

（六） 次のカタカナを漢字になおし、一字だけ書きなさい。 (20) 2×10

1 大統リョウ（　　）
2 ドク自性（　　）
3 リュウ学生（　　）
4 出チョウ費（　　）
5 現ザイ地（　　）
6 貿エキ風（　　）
7 芸ジュツ家（　　）
8 無キョ可（　　）
9 ゲン定品（　　）
10 ベン護士（　　）

（七） 後の□の中のひらがなを漢字になおして、**対義語**（意味が反対や対（つい）になることば）と、**類義語**（意味がよくにたことば）を書きなさい。□の中のひらがなは一度だけ使い、漢字一字を書きなさい。 (20) 2×10

対義語

主語―（1　　）語

（八） 上の読みの漢字を□の中から選び、（　）にあてはめてじゅく語を作りなさい。答えは記号で書きなさい。 (12) 2×6

読み	
タイ	形（1　）・（2　）賞　軍（3　）
シ	歴（4　）・（5　）店　（6　）育

ア 対　イ 志　ウ 帯　エ 支
オ 資　カ 隊　キ 史　ク 待
ケ 大　コ 飼　サ 態　シ 指

（九） 漢字の読みには**音**と**訓**があります。次の**じゅく語の読み**は□の中のどの組み合わせになっていますか。ア～エの記号で答えなさい。 (20) 2×10

ア 音と音　イ 音と訓
ウ 訓と訓　エ 訓と音

1 仮面（かめん）（　　）
2 墓場（はかば）（　　）
3 夢中（むちゅう）（　　）
6 新芽（しんめ）（　　）
7 手帳（てちょう）（　　）
8 支店（してん）（　　）

（十） 次の――線のカタカナを漢字になおしなさい。 (40) 2×20

1 先生は他校にテンニンした。（　　）
2 日照りで川の水がへった。（　　）
3 家のセッケイ図を作成する。（　　）
4 ザッピとして計上する。（　　）
5 カンシャの気持ちを手紙につづる。（　　）
6 他国へセイリョクをのばす。（　　）
7 部外者の立ち入りをキンじる。（　　）
8 おばとはヒサしく会っていない。（　　）
9 低気圧がセッキンしている。（　　）
10 なやみ事の相談にオウじる。（　　）

社会―（2　）人

害虫―（3　）虫

複数―（4　）数

近海―遠（5　）

えき・じゅつ・たん・こ・よう

類義語

風習―（6　）習

義務―（7　）務

案外―（8　）外

具合―加（9　）

支持―（10　）成

げん・かん・い・せき・さん

4 重箱（じゅうばこ）（　）

5 無口（むくち）（　）

9 大型（おおがた）（　）

10 製品（せいひん）（　）

(十) 次の――線のカタカナを漢字になおしなさい。(18) 2×9

1 昨年の夏はアツい日が続いた。（　）

2 兄は分アツい辞書を持っている。（　）

3 他国とジョウ約を結ぶ。（　）

4 会合の案内ジョウを書く。（　）

5 夏休みに植物サイ集をする。（　）

6 グループで交サイをする。（　）

7 日本はタイ風による損害が大きい。（　）

8 きびきびしたタイ度はりっぱだ。（　）

9 三大工業地タイのことを調べる。（　）

11 姉がマフラーをアんでくれた。（　）

12 電車で街までオウフクする。（　）

13 お年玉をチョキンする。（　）

14 おもちゃをヒトりじめにする。（　）

15 セイギの味方が現れる。（　）

16 彼はインショウ派の画家だ。（　）

17 重要ブンカザイに指定される。（　）

18 家にとどいた荷物のひもをトく。（　）

19 生徒をコベツに指導する。（　）

20 習うよりナれよ（　）

予想模擬テスト②

答えには、常用漢字の旧字体や表外漢字および常用漢字音訓表以外の読みを使ってはいけない。

時間 60分
合格点 140／200
得点

(一) 次の――線の漢字の読みをひらがなで書きなさい。 (20) 1×20

1 これは世をしのぶ仮の姿(すがた)だ。（　　）
2 どんなときも平常心で行動する。（　　）
3 格調の高い芸術にふれる。（　　）
4 母の手作りの弁当を食べる。（　　）
5 生ごみから肥料を作る。（　　）
6 学校で小鳥を飼育する。（　　）
7 家族で衛星放送の番組を見る。（　　）
8 車の数に比例して事故がふえる。（　　）
9 街頭で市民に選挙演説を行う。（　　）

(二) 次の――線のカタカナを○の中の漢字と送りがな(ひらがな)で書きなさい。 (10) 2×5

〈例〉㊀投 ボールをナゲル。（投げる）

1 ㊀絶 薬品で雑草の根をタヤス。（　　）
2 ㊀留 先生の話を心にトメル。（　　）
3 ㊀移 ほかの事に関心がウツル。（　　）
4 ㊀永 祖父はナガイねむりについた。（　　）
5 ㊀余 長い待ち時間を持てアマス。（　　）

(三) 次の漢字の部首名と部首を書きなさい。部首名は、後の□から選んで記号で答えなさい。 (10) 1×10

〈例〉林・村　部首名（ア）　部首（木）

(四) 次の漢字の太い画のところは筆順の何画目か、また総画数は何画か、算用数字（1、2、3…）で答えなさい。 (10) 1×10

〈例〉投　何画目（5）　総画数（7）

	何画目	総画数
罪	（1）	（2）
興	（3）	（4）
比	（5）	（6）
過	（7）	（8）
率	（9）	（10）

10 百年の伝統をもつ学校に通う。（　）
11 兄はニューヨークに居る。（　）
12 室内を快適な温度にしておく。（　）
13 病院で血液の検査を受ける。（　）
14 夜空の星は数限りなくある。（　）
15 水害を防ぐため護岸工事を行う。（　）
16 古紙を集めて再生する。（　）
17 余熱を利用して調理する。（　）
18 この通りは車の往来がはげしい。（　）
19 彼の人脈をたどる。（　）
20 粉薬を飲む。（　）

	部首名	部首
均・境	（1　）	（2　）
制・則	（3　）	（4　）
容・害	（5　）	（6　）
故・政	（7　）	（8　）
布・常	（9　）	（10　）

ア きへん　イ おおがい
ウ つちへん　エ はば
オ のぶん ぼくづくり　カ りっとう
キ おおざと　ク がんだれ
ケ かいへん　コ うかんむり

(五) 漢字を二字組み合わせたじゅく語では、二つの漢字の間に意味の上で、次のような関係があります。 (20) 2×10

ア 反対や対になる意味の字を組み合わせたもの。（例…上下）
イ 同じような意味の字を組み合わせたもの。（例…森林）
ウ 上の字が下の字の意味を説明（修飾）しているもの。（例…海水）
エ 下の字から上の字へ返って読むと意味がよくわかるもの。（例…消火）

次のじゅく語は、右のア〜エのどれにあたるか、記号で答えなさい。

1 救護（　）
2 明暗（　）
3 国旗（　）
4 戦争（　）
5 競技（　）
6 道路（　）
7 往復（　）
8 終業（　）
9 授受（　）
10 品質（　）

（六）次のカタカナを漢字になおし、一字だけ書きなさい。(20) 2×10

1 二十一世キ（　）
2 ゲン実性（　）
3 ヒ公式（　）
4 ボウ風雨（　）
5 氷ガ期（　）
6 オウ接室（　）
7 無神ケイ（　）
8 永キュウ歯（　）
9 初節ク（　）
10 高確リツ（　）

（七）後の□の中のひらがなを漢字になおして、対義語（意味が反対や対になることば）と、類義語（意味がよくにたことば）を書きなさい。□の中のひらがなは一度だけ使い、漢字一字を書きなさい。(20) 2×10

対義語

整然―（1　）然

（八）上の読みの漢字を□の中から選び、（　）にあてはめてじゅく語を作りなさい。答えは記号で書きなさい。(12) 2×6

キ	（1　）港・（2　）則
	（3　）本
カン	朝（4　）・根（5　）
	（6　）習

ア感　イ寄　ウ基　エ寒
オ期　カ規　キ慣　ク喜
ケ刊　コ幹　サ間　シ紀

（九）漢字の読みには音と訓があります。次のじゅく語の読みは□の中のどの組み合わせになっていますか。ア〜エの記号で答えなさい。(20) 2×10

ア 音と音　イ 音と訓
ウ 訓と訓　エ 訓と音

1 新顔（しんがお）（　）
2 守備（しゅび）（　）
3 混合（こんごう）（　）
6 桜草（さくらそう）（　）
7 招待（しょうたい）（　）
8 毒虫（どくむし）（　）

（十）次の――線のカタカナを漢字になおしなさい。(40) 2×20

1 電化セイヒンのカタログを見る。（　）
2 日本はアジアの東にアる。（　）
3 海でリョウシが魚をとる。（　）
4 この本は一読のカチがある。（　）
5 はば広いチシキを身につける。（　）
6 レキシを感じる建物。（　）
7 数学の夏期コウシュウを受ける。（　）
8 社会のジッタイを調査する。（　）
9 問題カイケツのために話し合う。（　）
10 すぐれたサイノウをもっている。（　）

許可―（2　）止
精神―物（3　）
幹線―（4　）線
自由―統（5　）

しつ・せい・し・きん・ざつ

類義語

発行―出（6　）
母国―（7　）国
目的―目（8　）
医者―医（9　）
短所―（10　）点

けっ・し・ぱん・そ・ひょう

4 消印（けしいん）（　）
5 総出（そうで）（　）
9 大仏（だいぶつ）（　）
10 建具（たてぐ）（　）

（十）次の――線のカタカナを漢字になおしなさい。(18) 2×9

1 児童がダン体で歩道をわたる。（　）
2 ダン固として意見に反対する。（　）
3 目的地へは五分テイ度で着いた。（　）
4 必要な資料をテイ出する。（　）
5 学校で持キュウ走が行われる。（　）
6 キュウ仮名づかいで書く。（　）
7 係員のセイ止も聞かず飛び出す。（　）
8 弟のセイ格は大変明るい。（　）
9 この問題は冷セイに考えたい。（　）

11 シジされたとおりに行動する。（　）
12 ドクリツして一けんの店を持った。（　）
13 ショウジョウを額に入れてかざる。（　）
14 協力して明るい社会をキズこう。（　）
15 経済のコウゾウについて考える。（　）
16 うわさを流したハンニンはきみだね。（　）
17 今年の学芸会では主役をツトめた。（　）
18 長い前置きをショウリャクする。（　）
19 無限のカノウ性をひめる。（　）
20 似たものフウフ（　）

予想模擬テスト③

答えには、常用漢字の旧字体や表外漢字および常用漢字音訓表以外の読みを使ってはいけない。

時間 60分
合格点 140/200
得点

(一) 次の――線の漢字の読みをひらがなで書きなさい。 (20) 1×20

1 絶好の運動会びよりになった。（　　）
2 読み終わった本を友人に貸す。（　　）
3 グラウンドの状態はきわめて良好だ。（　　）
4 講堂に集まる。（　　）
5 午後になれば天気は回復するだろう。（　　）
6 わか者が都会に出て村の人口が減る。（　　）
7 先生について技術を身につける。（　　）
8 このチケットは一年間有効だ。（　　）
9 定規を当てて直線を引く。（　　）

(二) 次の――線のカタカナを○の中の漢字と送りがな(ひらがな)で書きなさい。 (10) 2×5

〈例〉投 ボールをナゲル。（投げる）

1 寄 自動車を道路の左はしにヨセル。（　　）
2 営 あれ地を耕して農業をイトナム。（　　）
3 告 親に志望校をツゲル。（　　）
4 勢 イキオイをつけてとびこえる。（　　）
5 快 ココロヨイ風がふきぬける。（　　）

(三) 次の漢字の部首名と部首を書きなさい。部首名は、後の□から選んで記号で答えなさい。 (10) 1×10

〈例〉林・村　部首名（ア）　部首（木）

(四) 次の漢字の太い画のところは筆順の何画目か、また総画数は何画か、算用数字（1、2、3…）で答えなさい。 (10) 1×10

〈例〉投　何画目（5）　総画数（7）

漢字	何画目	総画数
防	（1）	（2）
再	（3）	（4）
程	（5）	（6）
貸	（7）	（8）
永	（9）	（10）

10 額のあせをタオルでぬぐう。（　　）

11 事故が起きないように注意する。（　　）

12 失敗した人を責めてはいけない。（　　）

13 研究発表の前に資料を配る。（　　）

14 二つのりんごの重さを比べる。（　　）

15 大事な試合を前に武者ぶるいする。（　　）

16 友人との間に良い関係を築く。（　　）

17 すい星が地球に接近する。（　　）

18 夏休みに先祖の墓へ参る。（　　）

19 書物を読んで知識を習得する。（　　）

20 決して型にはまるな。（　　）

	部首名	部首
証・話	1（　　）	2（　　）
感・志	3（　　）	4（　　）
序・広	5（　　）	6（　　）
笑・築	7（　　）	8（　　）
畑・留	9（　　）	10（　　）

ア きへん　イ こころ
ウ ごんべん　エ たけかんむり
オ くち　カ れんが　れっか
キ まだれ　ク がんだれ
ケ た　コ くさかんむり

(五) 漢字を二字組み合わせたじゅく語では、二つの漢字の間に意味の上で、次のような関係があります。 (20) 2×10

ア 反対や対になる意味の字を組み合わせたもの。（例…上下）

イ 同じような意味の字を組み合わせたもの。（例…森林）

ウ 上の字が下の字の意味を説明（修飾）しているもの。（例…海水）

エ 下の字から上の字へ返って読むと意味がよくわかるもの。（例…消火）

次のじゅく語は、右のア〜エのどれにあたるか、記号で答えなさい。

1 願望（　　）

2 出欠（　　）

3 拾得（　　）

4 受賞（　　）

5 仏像（　　）

6 気圧（　　）

7 勝負（　　）

8 単複（　　）

9 学費（　　）

10 新設（　　）

(六) 次のカタカナを漢字になおし、一字だけ書きなさい。 (20) 2×10

1 現行ハン（　　）
2 松竹バイ（　　）
3 標ジュン的（　　）
4 出パン社（　　）
5 ギャク回転（　　）
6 美ヨウ院（　　）
7 セッ計図（　　）
8 感シャ状（　　）
9 複ザツ化（　　）
10 カ能性（　　）

(七) 後の□の中のひらがなを漢字になおして、対義語（意味が反対や対になることば）と、類義語（意味がよくにたことば）を書きなさい。□の中のひらがなは一度だけ使い、漢字一字を書きなさい。 (20) 2×10

対義語

合唱—（1　　）唱

(八) 上の読みの漢字を□の中から選び、（　）にあてはめてじゅく語を作りなさい。答えは記号で書きなさい。 (12) 2×6

ジョウ	愛（1　）・（2　）件 便（3　）
エイ	（4　）星・（5　）業 （6　）久

ア 状　イ 英　ウ 乗　エ 泳
オ 営　カ 情　キ 衛　ク 場
ケ 上　コ 栄　サ 条　シ 永

(九) 漢字の読みには音と訓があります。次のじゅく語の読みは□の中のどの組み合わせになっていますか。ア〜エの記号で答えなさい。 (20) 2×10

ア 音と音　イ 音と訓
ウ 訓と訓　エ 訓と音

1 織物（おりもの）（　　）
2 用件（ようけん）（　　）
3 仕事（しごと）（　　）
6 領土（りょうど）（　　）
7 両耳（りょうみみ）（　　）
8 居間（いま）（　　）

(十) 次の——線のカタカナを漢字になおしなさい。 (40) 2×20

1 兄は野球部にショゾクしている。（　　）
2 サクラの花が満開になる。（　　）
3 この製品は検査にゴウカクした。（　　）
4 クラスの友人を家にマネく。（　　）
5 ハソンした部品を交かんする。（　　）
6 マズしい人のために一生をささげる。（　　）
7 十年後のすがたをヨソクする。（　　）
8 セイケツな布で水分をふき取る。（　　）
9 ケーキをキントウに切り分ける。（　　）
10 姉には赤い洋服がニ合う。（　　）

固体―（2　）体

理想―（3　）実

肉体―（4　）神

動脈―（5　）脈

えき・げん・せい・じょう・どく

類義語

役目―（6　）務

着目―着（7　）

留守―不（8　）

同意―（9　）成

体験―（10　）験

がん・けい・ざい・さん・にん

4 布地（ぬのじ）（　）

5 金額（きんがく）（　）

9 番組（ばんぐみ）（　）

10 綿雲（わたぐも）（　）

（十） 次の――線のカタカナを漢字になおしなさい。　(18) 2×9

1 事業の利エキを社会に役立てる。（　）

2 かつてこの港は貿エキで栄えた。（　）

3 工場にサイ新の設備を導入する。（　）

4 未経験者を多数サイ用する。（　）

5 売店で弁当とお茶をカう。（　）

6 わが家では犬とねこをカっている。（　）

7 定カの半額で商品を売る。（　）

8 特急列車が小さな駅を通カする。（　）

9 大きなトラックでカ物を運ぶ。（　）

11 畑の野菜にヒリョウをやる。（　）

12 長くのびた木のエダを切る。（　）

13 博物館のショクインとして働く。（　）

14 映画（えいが）が評判になり観客がフえる。（　）

15 地域（ちいき）のデントウを守る。（　）

16 先生が生徒に手本をシメす。（　）

17 一日の業務についてホウコクする。（　）

18 転校した友人がユメに出てきた。（　）

19 全員でとなりの教室にイドウする。（　）

20 青雲のココロザシ（　）

予想模擬テスト ４

答えには、常用漢字の旧字体や表外漢字および常用漢字音訓表以外の読みを使ってはいけない。

時間 60分　合格点 140/200　得点

（一） 次の――線の漢字の読みをひらがなで書きなさい。　(20) 1×20

1 検査をして空気のよごれを調べる。（　）
2 地方公共団体に寄付する。（　）
3 ゆれに強い構造のビルを建てる。（　）
4 自動車が家の前を通り過ぎる。（　）
5 美しい風景が眼下に広がる。（　）
6 落ち葉を集めて燃やす。（　）
7 体温を測定して紙に記入する。（　）
8 入場者に配る景品の個数を数える。（　）
9 先生が生徒の質問に答える。（　）

（二） 次の――線のカタカナを○の中の漢字と送りがな（ひらがな）で書きなさい。　(10) 2×5

〈例〉投 ボールをナゲル。（投げる）

1 限 参加者は小学生にカギル。（　）
2 構 駅前の商店街に店をカマエル。（　）
3 比 今と昔の町の様子をクラベル。（　）
4 易 この問題はわりとヤサシイ。（　）
5 確 地図で道順をタシカメル。（　）

（三） 次の漢字の部首名と部首を書きなさい。部首名は、後の□から選んで記号で答えなさい。　(10) 1×10

〈例〉林・村　部首名（ア）　部首（木）

（四） 次の漢字の太い画のところは筆順の何画目か、また総画数は何画か、算用数字（1、2、3…）で答えなさい。　(10) 1×10

〈例〉投　何画目（5）　総画数（7）

	何画目	総画数
妻	（1）	（2）
犯	（3）	（4）
版	（5）	（6）
営	（7）	（8）
報	（9）	（10）

10 雲の切れ間から太陽が現れる。（　　）

11 十分後に試合を再開する予定だ。（　　）

12 エースとしてチームを勝利に導く。（　　）

13 年末年始も休まず営業する。（　　）

14 大事にしていた本が破れる。（　　）

15 駅の窓(まど)口で運賃(ちん)を精算する。（　　）

16 太い木の幹に手を回してみる。（　　）

17 原材料を外国から輸入する。（　　）

18 困っている人を救う。（　　）

19 一時間目は国語の授業だ。（　　）

20 備えあればうれいなし（　　）

	部首名	部首
菜・芸	（1　）	（2　）
河・清	（3　）	（4　）
可・句	（5　）	（6　）
原・厚	（7　）	（8　）
貧・貸	（9　）	（10　）

ア きへん
イ くさかんむり
ウ おおがい
エ さんずい
オ かばね しかばね
カ たけかんむり
キ まだれ
ク かい こがい
ケ くち
コ がんだれ

(五)

漢字を二字組み合わせたじゅく語では、二つの漢字の間に意味の上で、次のような関係があります。 (20) 2×10

ア 反対や対(つい)になる意味の字を組み合わせたもの。 （例…上下）

イ 同じような意味の字を組み合わせたもの。 （例…森林）

ウ 上の字が下の字の意味を説明（修飾(しゅうしょく)）しているもの。 （例…海水）

エ 下の字から上の字へ返って読むと意味がよくわかるもの。 （例…消火）

次のじゅく語は、右のア～エのどれにあたるか、記号で答えなさい。

1 居住（　　）
2 利害（　　）
3 休刊（　　）
4 苦楽（　　）
5 損失（　　）
6 謝罪（　　）
7 最適（　　）
8 禁止（　　）
9 銅貨（　　）
10 入団（　　）

（六）次のカタカナを漢字になおし、一字だけ書きなさい。 (20) 2×10

1 新校シャ（　　）
2 カ分数（　　）
3 美意シキ（　　）
4 ソ父母（　　）
5 国サイ化（　　）
6 毛オリ物（　　）
7 未カイ決（　　）
8 消費ゼイ（　　）
9 伝トウ的（　　）
10 不エイ生（　　）

（七）後の□の中のひらがなを漢字になおして、対義語（意味が反対や対になることば）と、類義語（意味がよくにたことば）を書きなさい。□の中のひらがなは一度だけ使い、漢字一字を書きなさい。 (20) 2×10

対義語

予習―（1　　）習

（八）上の読みの漢字を□の中から選び、（　）にあてはめてじゅく語を作りなさい。答えは記号で書きなさい。 (12) 2×6

ヒョウ	（1　　）河・投（2　　）
	（3　　）価
ホウ	（4　　）囲・（5　　）作
	（6　　）告

ア 家　イ 報　ウ 標　エ 法
オ 包　カ 評　キ 放　ク 表
ケ 票　コ 方　サ 氷　シ 豊

（九）漢字の読みには音と訓があります。次のじゅく語の読みは□の中のどの組み合わせになっていますか。ア〜エの記号で答えなさい。 (20) 2×10

ア 音と音　イ 音と訓
ウ 訓と訓　エ 訓と音

1 遠浅（とおあさ）（　　）
2 係員（かかりいん）（　　）
3 武士（ぶし）（　　）
6 薬指（くすりゆび）（　　）
7 指示（しじ）（　　）
8 葉桜（はざくら）（　　）

（十）次の――線のカタカナを漢字になおしなさい。 (40) 2×20

1 メダカを<u>シイク</u>する。（　　）
2 公園の池に氷が<u>ハ</u>る。（　　）
3 機械がこわれた<u>ゲンイン</u>を調べる。（　　）
4 転校した友人に<u>ヒサ</u>しぶりに会う。（　　）
5 世界一周の<u>コウカイ</u>に出る。（　　）
6 くわをふるって畑を<u>タガヤ</u>す。（　　）
7 人間の<u>ケツエキ</u>の成分について学ぶ。（　　）
8 弟はこん虫<u>サイシュウ</u>が好きだ。（　　）
9 全員で校庭の<u>ザッソウ</u>を取る。（　　）
10 美しい<u>ヌノ</u>で着物を仕立てる。（　　）

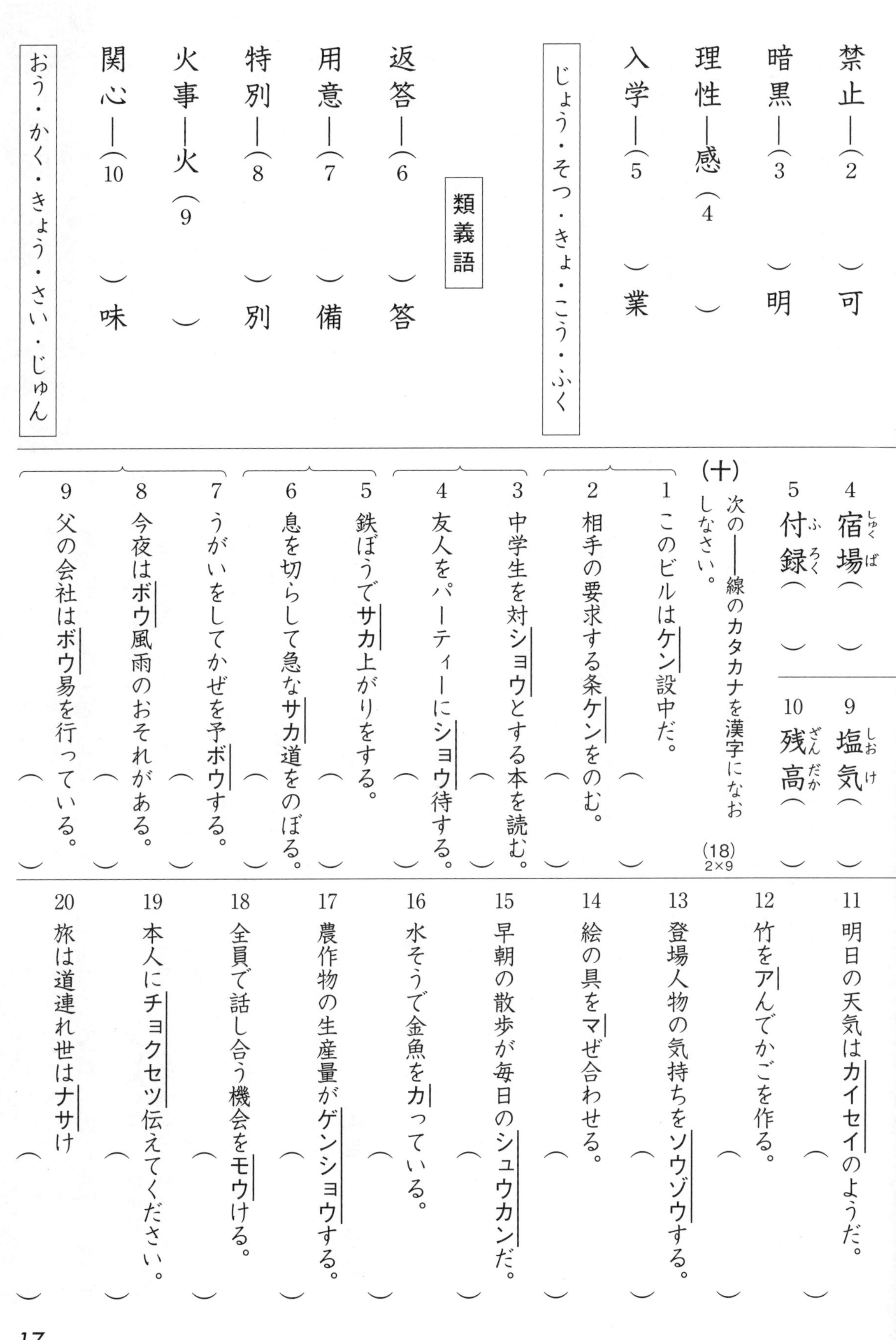

禁止—（2　　）可

暗黒—（3　　）明

理性—感（4　　）

入学—（5　　）業

じょう・そつ・きょ・こう・ふく

類義語

返答—（6　　）答

用意—（7　　）備

特別—（8　　）別

火事—火（9　　）

関心—（10　　）味

おう・かく・きょう・さい・じゅん

4 宿場（しゅくば）（　　）

5 付録（ふろく）（　　）

9 塩気（しおけ）（　　）

10 残高（ざんだか）（　　）

(十) 次の——線のカタカナを漢字になおしなさい。 (18) 2×9

1 このビルはケン設中だ。（　　）

2 相手の要求する条ケンをのむ。（　　）

3 中学生を対ショウとする本を読む。（　　）

4 友人をパーティーにショウ待する。（　　）

5 鉄ぼうでサカ上がりをする。（　　）

6 息を切らして急なサカ道をのぼる。（　　）

7 うがいをしてかぜを予ボウする。（　　）

8 今夜はボウ風雨のおそれがある。（　　）

9 父の会社はボウ易を行っている。（　　）

11 明日の天気はカイセイのようだ。（　　）

12 竹をアんでかごを作る。（　　）

13 登場人物の気持ちをソウゾウする。（　　）

14 絵の具をマぜ合わせる。（　　）

15 早朝の散歩が毎日のシュウカンだ。（　　）

16 水そうで金魚をカっている。（　　）

17 農作物の生産量がゲンショウする。（　　）

18 全員で話し合う機会をモウける。（　　）

19 本人にチョクセツ伝えてください。（　　）

20 旅は道連れ世はナサけ（　　）

予想模擬テスト⑤

答えには、常用漢字の旧字体や表外漢字および常用漢字音訓表以外の読みを使ってはいけない。

時間 60分
合格点 140/200
得点

(一) 次の――線の漢字の読みをひらがなで書きなさい。 (20) 1×20

1 この寺には古い仏像がある。（　）
2 木の枝にすずめがとまっている。（　）
3 かげで文句を言うのはよくない。（　）
4 景品の数には限りがある。（　）
5 身動きのとれない状態になる。（　）
6 生徒を率いて工場見学に行く。（　）
7 友人の意見に賛成する。（　）
8 大きな船で荷物を輸送する。（　）
9 先生に感謝の言葉をおくる。（　）

(二) 次の――線のカタカナを○の中の漢字と送りがな（ひらがな）で書きなさい。 (10) 2×5

〈例〉㊉投 ボールをナゲル。（投げる）

1 ㊉招 お世話になった人を家にマネク。（　）
2 ㊉増 休日は道路の交通量がフエル。（　）
3 ㊉設 子どものための席をモウケル。（　）
4 ㊉険 ケワシイ山道を自転車でのぼる。（　）
5 ㊉志 教育関係の仕事をココロザス。（　）

(三) 次の漢字の部首名と部首を書きなさい。部首名は、後の□から選んで記号で答えなさい。 (10) 1×10

〈例〉林・村　部首名（ア）　部首（木）

(四) 次の漢字の太い画のところは筆順の何画目か、また総画数は何画か、算用数字（1、2、3…）で答えなさい。 (10) 1×10

〈例〉投　何画目（5）　総画数（7）

	何画目	総画数
断	1（　）	2（　）
状	3（　）	4（　）
婦	5（　）	6（　）
基	7（　）	8（　）
雑	9（　）	10（　）

10 箱のたてと横の長さを測る。（　　）
11 均整のとれた体にきたえあげる。（　　）
12 綿のような雲がうかんでいる。（　　）
13 この建物は重要文化財だ。（　　）
14 作品に近寄らないでください。（　　）
15 学校で防災訓練を行う。（　　）
16 遠くの知人からの音信が絶える。（　　）
17 会社では人事部に属している。（　　）
18 先生について基本から学ぶ。（　　）
19 デパートの婦人服売り場に行く。（　　）
20 天高く馬肥ゆる秋（　　）

	部首名	部首
性・情	（1　）	（2　）
完・寄	（3　）	（4　）
領・頭	（5　）	（6　）
道・逆	（7　）	（8　）
居・属	（9　）	（10　）

ア きへん　イ うかんむり
ウ かい こがい　エ えんにょう
オ まだれ　カ りっしんべん
キ かばね しかばね　ク しんにょう しんにゅう
ケ おおがい　コ わかんむり

(五) 漢字を二字組み合わせたじゅく語では、二つの漢字の間に意味の上で、次のような関係があります。 (20) 2×10

ア 反対や対になる意味の字を組み合わせたもの。（例…上下）
イ 同じような意味の字を組み合わせたもの。（例…森林）
ウ 上の字が下の字の意味を説明（修飾）しているもの。（例…海水）
エ 下の字から上の字へ返って読むと意味がよくわかるもの。（例…消火）

次のじゅく語は、右のア〜エのどれにあたるか、記号で答えなさい。

1 集散（　　）
2 大河（　　）
3 均等（　　）
4 休職（　　）
5 軽重（　　）
6 在室（　　）
7 物価（　　）
8 昼夜（　　）
9 清潔（　　）
10 版画（　　）

(六) 次のカタカナを漢字になおし、一字だけ書きなさい。 (20) 2×10

1 ヒ公開（　　）
2 イ食住（　　）
3 ハン断力（　　）
4 間セツ的（　　）
5 不テキ当（　　）
6 指ドウ者（　　）
7 サイ利用（　　）
8 ユメ物語（　　）
9 ジュン決勝（　　）
10 セイ神力（　　）

(七) 後の□の中のひらがなを漢字になおして、対義語（意味が反対や対になることば）と、類義語（意味がよくにたことば）を書きなさい。□の中のひらがなは一度だけ使い、漢字一字を書きなさい。 (20) 2×10

対義語

定住―（1　　）住

(八) 上の読みの漢字を□の中から選び、（　）にあてはめてじゅく語を作りなさい。答えは記号で書きなさい。 (12) 2×6

ショウ	（1　　）和・検（2　　）
	（3　　）待
サイ	火（4　　）・（5　　）子
	実（6　　）

ア 招	イ 際	ウ 唱
エ 菜	オ 妻	カ 賞
キ 最	ク 証	ケ 商
コ 細	サ 少	シ 災

(九) 漢字の読みには音と訓があります。次のじゅく語の読みは□の中のどの組み合わせになっていますか。ア〜エの記号で答えなさい。 (20) 2×10

ア 音と音	イ 音と訓
ウ 訓と訓	エ 訓と音

1 試合（しあい）（　　）
2 似顔（にがお）（　　）
3 作業（さぎょう）（　　）
6 校舎（こうしゃ）（　　）
7 道順（みちじゅん）（　　）
8 街角（まちかど）（　　）

(十) 次の――線のカタカナを漢字になおしなさい。 (40) 2×20

1 アメリカとカナダのコッキョウ。（　　）
2 先祖のハカの前で手を合わせる。（　　）
3 海外でヒョウカの高い作品を見る。（　　）
4 休日は主に本を読んでスごす。（　　）
5 野鳥をホゴする活動に取り組む。（　　）
6 キャンプファイアの火がモえる。（　　）
7 利用者はキヤクを守ってください。（　　）
8 漢字テストのサイテンをする。（　　）
9 この土地は立ち入りキンシだ。（　　）
10 試合にソナえて休養をとる。（　　）

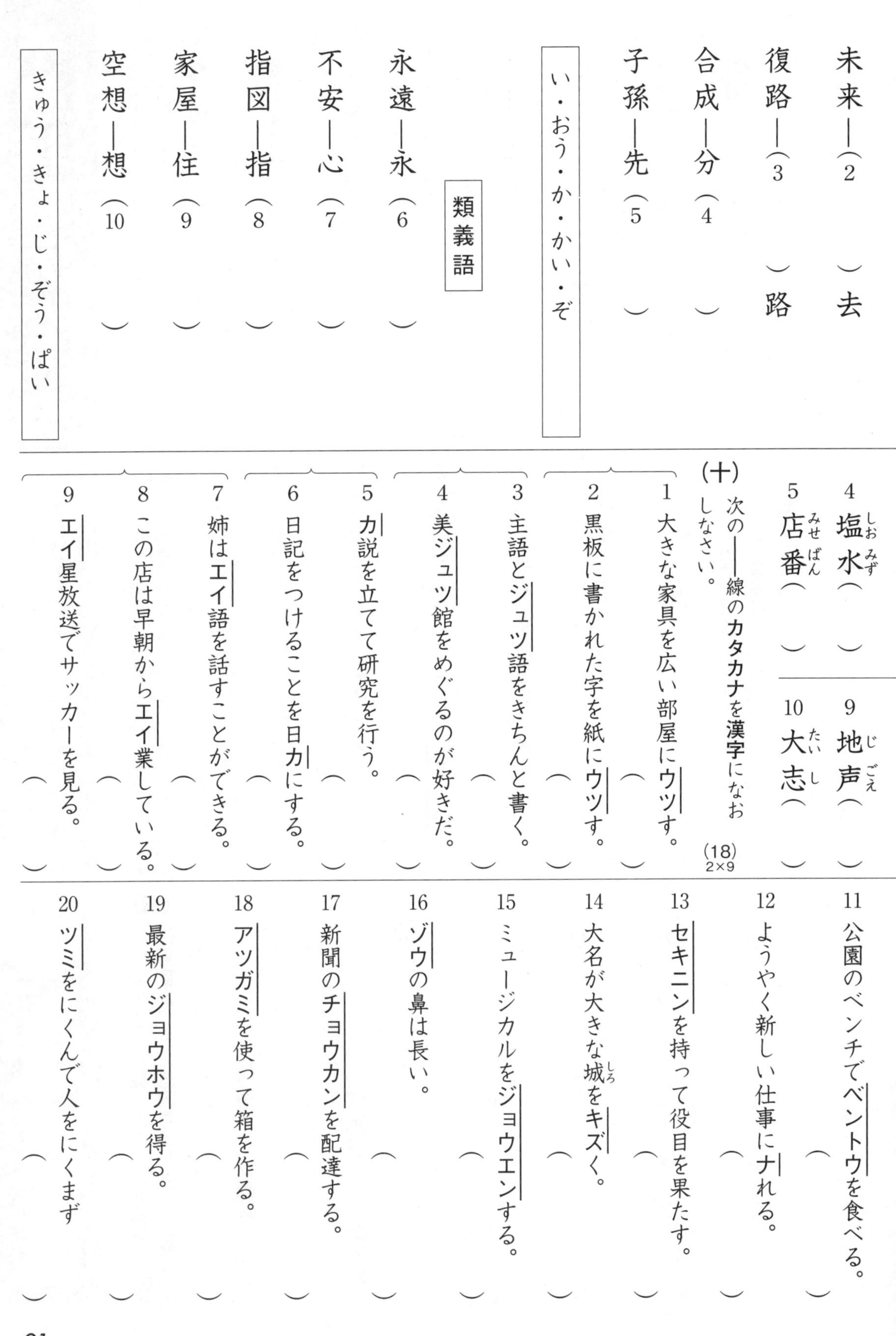

未来―（2　　）去

復路―（3　　）路

合成―分（4　　）

子孫―先（5　　）

い・おう・か・かい・ぞ

類義語

永遠―永（6　　）

不安―心（7　　）

指図―指（8　　）

家屋―住（9　　）

空想―想（10　　）

きゅう・きょ・じ・ぞう・ぱい

---

4 塩水（しおみず）（　　）

5 店番（みせばん）（　　）

9 地声（じごえ）（　　）

10 大志（たいし）（　　）

(十) 次の――線の**カタカナ**を**漢字**になおしなさい。 (18) 2×9

1 大きな家具を広い部屋にウツす。（　　）

2 黒板に書かれた字を紙にウツす。（　　）

3 主語とジュツ語をきちんと書く。（　　）

4 美ジュツ館をめぐるのが好きだ。（　　）

5 カ説を立てて研究を行う。（　　）

6 日記をつけることを日カにする。（　　）

7 姉はエイ語を話すことができる。（　　）

8 この店は早朝からエイ業している。（　　）

9 エイ星放送でサッカーを見る。（　　）

---

11 公園のベンチでベントウを食べる。（　　）

12 ようやく新しい仕事にナれる。（　　）

13 セキニンを持って役目を果たす。（　　）

14 大名が大きな城（しろ）をキズく。（　　）

15 ミュージカルをジョウエンする。（　　）

16 ゾウの鼻は長い。（　　）

17 新聞のチョウカンを配達する。（　　）

18 アツガミを使って箱を作る。（　　）

19 最新のジョウホウを得る。（　　）

20 ツミをにくんで人をにくまず（　　）

予想模擬テスト 6

答えには、常用漢字の旧字体や表外漢字および常用漢字音訓表以外の読みを使ってはいけない。

時間 60分　合格点 140/200　得点

（一）次の――線の漢字の読みをひらがなで書きなさい。(20) 1×20

1 録画のためにタイマーを設定する。（　）
2 豊かな自然にめぐまれている。（　）
3 この製品は便利な機能がついている。（　）
4 切り分けたケーキが一つ余る。（　）
5 列車の運行に関する情報を得る。（　）
6 キャンプ場にテントを張る。（　）
7 自分の略歴を書く。（　）
8 複数の路線を乗りついで行く。（　）
9 出来上がった作品を提出する。（　）

（二）次の――線のカタカナを○の中の漢字と送りがな（ひらがな）で書きなさい。(10) 2×5

〈例〉㊀投 ボールをナゲル。（投げる）

1 (混) 赤と青の絵の具をマゼル。（　）
2 (修) 大学で教育学をオサメル。（　）
3 (支) 副会長として会長をササエル。（　）
4 (務) 児童会の会計をツトメル。（　）
5 (導) 観客を出口へミチビク。（　）

（三）次の漢字の部首名と部首を書きなさい。部首名は、後の□から選んで記号で答えなさい。(10) 1×10

〈例〉林・村　部首名（ア）　部首（木）

（四）次の漢字の太い画のところは筆順の何画目か、また総画数は何画か、算用数字（1、2、3…）で答えなさい。(10) 1×10

〈例〉投　何画目（5）　総画数（7）

	何画目	総画数
堂	（1）	（2）
演	（3）	（4）
毒	（5）	（6）
鉱	（7）	（8）
似	（9）	（10）

10 かれは常に周りに気を配る人だ。（　　）

11 古い駅舎の写真をとる。（　　）

12 友人のたのみを快く引き受ける。（　　）

13 少年向け雑誌の編集をする。（　　）

14 この町では昔から酒を造っている。（　　）

15 学校周辺の略図をかく。（　　）

16 独り住まいの人が増えている。（　　）

17 身の回りの衛生に注意する。（　　）

18 手加減しないで勝負する。（　　）

19 相手チームは守備がかたいようだ。（　　）

20 飛ぶ鳥を落とす勢い（　　）

	部首名	部首
財・貯	（1）	（2）
置・罪	（3）	（4）
席・師	（5）	（6）
術・衛	（7）	（8）
熱・無	（9）	（10）

ア きへん　イ ぎょうにんべん
ウ れんが れっか　エ おおがい
オ かいへん　カ こころ
キ あみがしら あみめ・よこめ　ク ぎょうがまえ ゆきがまえ
ケ はば　コ にんべん

（五） 漢字を二字組み合わせたじゅく語では、二つの漢字の間に意味の上で、次のような関係があります。 (20) 2×10

ア 反対や対になる意味の字を組み合わせたもの。（例…上下）

イ 同じような意味の字を組み合わせたもの。（例…森林）

ウ 上の字が下の字の意味を説明（修飾）しているもの。（例…海水）

エ 下の字から上の字へ返って読むと意味がよくわかるもの。（例…消火）

次のじゅく語は、右のア〜エのどれにあたるか、記号で答えなさい。

1 救助（　　）
2 得失（　　）
3 罪人（　　）
4 禁漁（　　）
5 断続（　　）
6 採光（　　）
7 永住（　　）
8 絵画（　　）
9 保温（　　）
10 身体（　　）

(六) 次のカタカナを漢字になおし、一字だけ書きなさい。 (20) 2×10

1 テイ止線（　）
2 安全セイ（　）
3 ショウ明書（　）
4 検サ室（　）
5 投票リツ（　）
6 ボウ風雨（　）
7 難(なん)パ船（　）
8 無事コ（　）
9 金ゾク製（　）
10 広コク業（　）

(七) 後の□の中のひらがなを漢字になおして、対義語（意味が反対や対(つい)になることば）と、類義語（意味がよくにたことば）を書きなさい。□の中のひらがなは一度だけ使い、漢字一字を書きなさい。 (20) 2×10

対義語

減少―（1　）加

(八) 上の読みの漢字を□の中から選び、（　）にあてはめてじゅく語を作りなさい。答えは記号で書きなさい。 (12) 2×6

シ	教（1　）・（2　）願 （3　）料
コウ	（4　）山・（5　）作 （6　）堂

ア 鉱　イ 氏　ウ 航　エ 司
オ 師　カ 耕　キ 志　ク 興
ケ 好　コ 士　サ 講　シ 飼

(九) 漢字の読みには音と訓があります。次のじゅく語の読みは□の中のどの組み合わせになっていますか。ア〜エの記号で答えなさい。 (20) 2×10

ア 音と音　イ 音と訓
ウ 訓と訓　エ 訓と音

1 両側(りょうがわ)（　）
2 責任(せきにん)（　）
3 手数(てすう)（　）
6 弱味(よわみ)（　）
7 古着(ふるぎ)（　）
8 禁止(きんし)（　）

(十) 次の――線のカタカナを漢字になおしなさい。 (40) 2×20

1 フネンごみをうめ立てる。（　）
2 人の流れにサカらって進む。（　）
3 敗者フッカツ戦を勝ち上がる。（　）
4 フタタび会うことができてうれしい。（　）
5 エネルギーをユウコウに利用する。（　）
6 アバれる馬をなだめて落ち着かせる。（　）
7 アメリカ大陸をオウダンする。（　）
8 文章のナイヨウを要約する。（　）
9 おもしろいとヒョウバンの本を読む。（　）
10 待ち合わせの場所をタシかめる。（　）

福相―（2　）相
平常―（3　）常
回答―（4　）問
利益―（5　）害

しつ・ひん・ぞう・そん・ひ

類義語

転業―転（6　）
理由―原（7　）
材料―（8　）材
事実―実（9　）
順番―順（10　）

いん・そ・さい・じょ・しょく

4 団子（だんご）（　）
5 粉雪（こなゆき）（　）
9 綿毛（わたげ）（　）
10 医師（いし）（　）

(十) 次の――線のカタカナを漢字になおしなさい。 (18) 2×9

1 友人にかさをカりる。（　）
2 読み終わった本を弟にカす。（　）
3 人生は悲キこもごもである。（　）
4 万国キが風になびく。（　）
5 バザーの売り上げをキ付する。（　）
6 図書館利用者のためのキ則を作る。（　）
7 兄の高校のセイ服はブレザーだ。（　）
8 何事にもくじけないセイ神力。（　）
9 日本のセイ治の仕組みを学ぶ。（　）

11 遠くの島がニクガンで見える。（　）
12 欠席する理由を文書でノべる。（　）
13 大会に参加するシカクを得る。（　）
14 自宅をしばらくルスにする。（　）
15 兄は陸上キョウギの選手だ。（　）
16 打者がバットを持ってカマえる。（　）
17 台風がセイリョクを強めて北上する。（　）
18 席の数にはカギりがある。（　）
19 知人を音楽会にショウタイする。（　）
20 船は船頭にマカせよ（　）

予想模擬テスト 7

答えには、常用漢字の旧字体や表外漢字および常用漢字音訓表以外の読みを使ってはいけない。

時間 60分　合格点 140/200　得点

(一) 次の——線の漢字の読みをひらがなで書きなさい。 (20) 1×20

1 外国の音楽に興味を持つ。（　　）
2 大雨で池の水かさが増す。（　　）
3 単独で行動するのはきけんだ。（　　）
4 大勢の記者に囲まれる。（　　）
5 混雑している車両をさける。（　　）
6 角から大きな犬が現れる。（　　）
7 昨年は米が豊作だった。（　　）
8 絵画を額に入れてかざる。（　　）
9 金色堂にお参りする。（　　）

(二) 次の——線のカタカナを○の中の漢字と送りがな(ひらがな)で書きなさい。 (10) 2×5

〈例〉投 ボールをナゲル。（投げる）

1 迷 どの本を読むべきかマヨウ。（　　）
2 絶 夜には車の行き来がタエル。（　　）
3 備 雨戸をしめて台風にソナエル。（　　）
4 暴 おどろいて馬がアバレル。（　　）
5 殺 じっと息をコロス。（　　）

(三) 次の漢字の部首名と部首を書きなさい。部首名は、後の□から選んで記号で答えなさい。 (10) 1×10

〈例〉林・村　部首名（ア）　部首（木）

(四) 次の漢字の太い画のところは筆順の何画目か、また総画数は何画か、算用数字（1、2、3…）で答えなさい。 (10) 1×10

〈例〉投　何画目（5）　総画数（7）

	何画目	総画数
耕	（1　）	（2　）
編	（3　）	（4　）
仮	（5　）	（6　）
防	（7　）	（8　）
常	（9　）	（10　）

10 厚着をして寒さをしのぐ。（　）
11 人口における男女の比率を調べる。（　）
12 あやしい人かげを見て身構える。（　）
13 会社の組織の在り方を見直す。（　）
14 独り者の自由を楽しむ。（　）
15 余計な口出しをつつしむ。（　）
16 この店の商品はすべて百円均一だ。（　）
17 必要な道具と場所を確保する。（　）
18 算数の計算問題を解く。（　）
19 ピアノの音程がくるう。（　）
20 飼い犬に手をかまれる（　）

	部首名	部首
利・別	（1）	（2）
授・持	（3）	（4）
祖・祝	（5）	（6）
勢・労	（7）	（8）
迷・造	（9）	（10）

ア きへん　イ ころもへん
ウ てへん　エ しめすへん
オ りっとう　カ しんにょう しんにゅう
キ かたな　ク えんにょう
ケ ちから　コ かいへん

（五） 漢字を二字組み合わせたじゅく語では、二つの漢字の間に意味の上で、次のような関係があります。（20）2×10

ア 反対や対(つい)になる意味の字を組み合わせたもの。（例…上下）
イ 同じような意味の字を組み合わせたもの。（例…森林）
ウ 上の字が下の字の意味を説明（修飾(しゅうしょく)）しているもの。（例…海水）
エ 下の字から上の字へ返って読むと意味がよくわかるもの。（例…消火）

次のじゅく語は、右のア〜エのどれにあたるか、記号で答えなさい。

1 南北（　）
2 旧友（　）
3 防犯（　）
4 生産（　）
5 墓地（　）
6 損得（　）
7 転居（　）
8 省略（　）
9 急増（　）
10 加減（　）

（六）次のカタカナを漢字になおし、一字だけ書きなさい。 (20) 2×10

1 好成セキ（　）
2 初出エン（　）
3 自画ゾウ（　）
4 ガン科医（　）
5 高気アツ（　）
6 定ケイ詩（　）
7 未ケイ験（　）
8 無表ジョウ（　）
9 不サン成（　）
10 メン織物（　）

（七）後の□の中のひらがなを漢字になおして、対義語（意味が反対や対になることば）と、類義語（意味がよくにたことば）を書きなさい。□の中のひらがなは一度だけ使い、漢字一字を書きなさい。 (20) 2×10

対義語

接続―切（1　）

（八）上の読みの漢字を□の中から選び、（　）にあてはめてじゅく語を作りなさい。答えは記号で書きなさい。 (12) 2×6

セイ	（1　）止・（2　）神 （3　）府
コウ	（4　）内・（5　）果 （6　）業

ア 考　イ 精　ウ 効　エ 省
オ 制　カ 好　キ 政　ク 興
ケ 構　コ 青　サ 講　シ 成

（九）漢字の読みには音と訓があります。次のじゅく語の読みは□の中のどの組み合わせになっていますか。ア～エの記号で答えなさい。 (20) 2×10

ア 音と音　イ 音と訓
ウ 訓と訓　エ 訓と音

1 係長（かかりちょう）（　）
2 目安（めやす）（　）
3 晴天（せいてん）（　）
6 工場（こうば）（　）
7 正義（せいぎ）（　）
8 梅酒（うめしゅ）（　）

（十）次の――線のカタカナを漢字になおしなさい。 (40) 2×20

1 鉄のセイシツについて研究する。（　）
2 兄はイマでテレビを見ている。（　）
3 プロの音楽家のシドウを受ける。（　）
4 テキカクな指示を出す。（　）
5 ねている子にモウフをかける。（　）
6 母がケワしい顔つきをしている。（　）
7 どんなことでもキホンが大切だ。（　）
8 一方通行のヒョウシキを立てる。（　）
9 運動ノウリョクの高さにおどろく。（　）
10 形のよくニた車がならんでいる。（　）

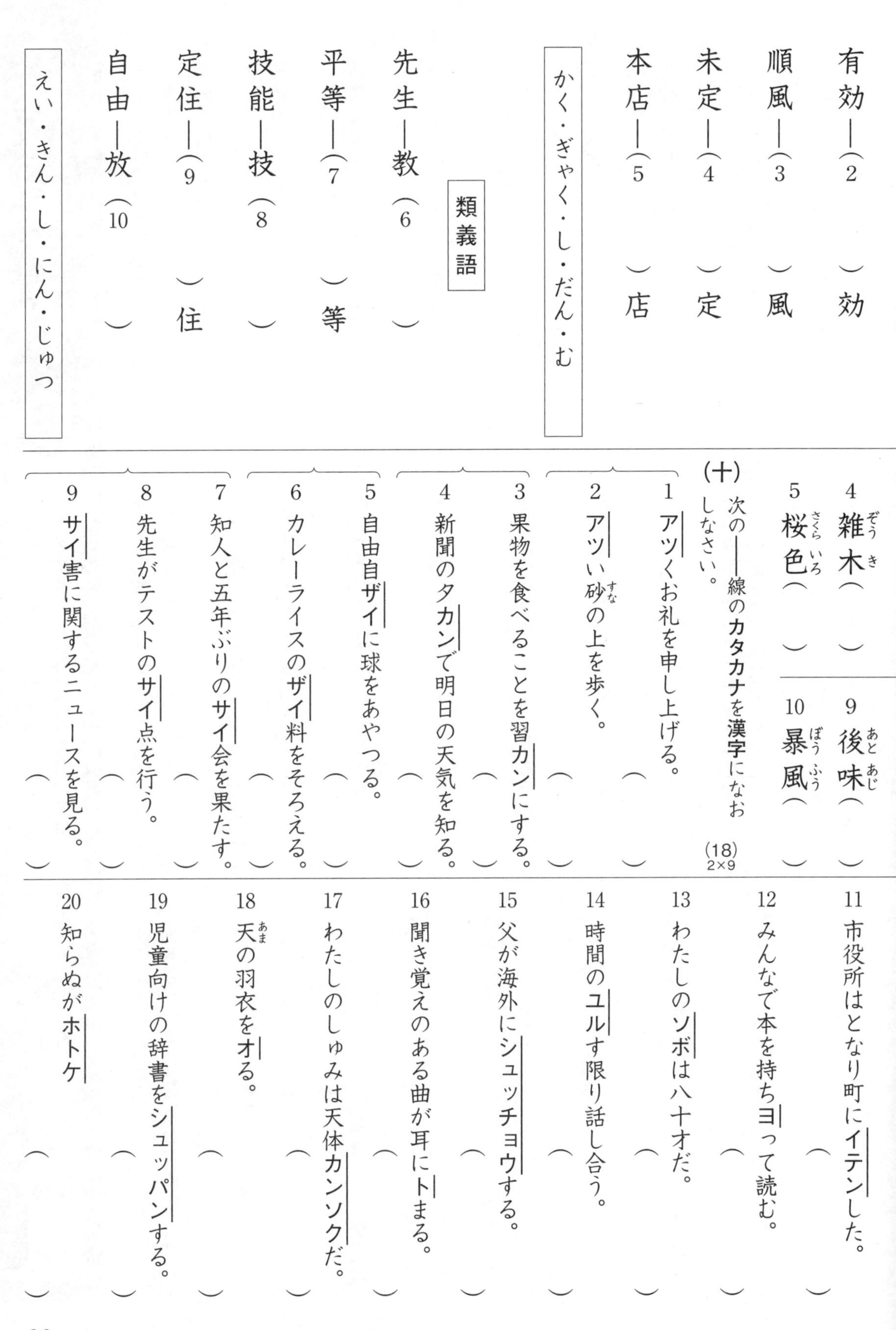

有効―（2　）効

順風―（3　）風

未定―（4　）定

本店―（5　）店

かく・ぎゃく・し・だん・む

類義語

先生―教（6　）

平等―（7　）等

技能―技（8　）

定住―（9　）住

自由―放（10　）

えい・きん・し・にん・じゅつ

4 雑木（ぞうき）（　）

5 桜色（さくらいろ）（　）

9 後味（あとあじ）（　）

10 暴風（ぼうふう）（　）

(十) 次の――線の**カタカナ**を**漢字**になおしなさい。 (18) 2×9

1 アツくお礼を申し上げる。（　）

2 アツい砂（すな）の上を歩く。（　）

3 果物を食べることを習カンにする。（　）

4 新聞の夕カンで明日の天気を知る。（　）

5 自由自ザイに球をあやつる。（　）

6 カレーライスのザイ料をそろえる。（　）

7 知人と五年ぶりのサイ会を果たす。（　）

8 先生がテストのサイ点を行う。（　）

9 サイ害に関するニュースを見る。（　）

11 市役所はとなり町にイテンした。（　）

12 みんなで本を持ちヨって読む。（　）

13 わたしのソボは八十才だ。（　）

14 時間のユルす限り話し合う。（　）

15 父が海外にシュッチョウする。（　）

16 聞き覚えのある曲が耳にトまる。（　）

17 わたしのしゅみは天体カンソクだ。（　）

18 天（あま）の羽衣をオる。（　）

19 児童向けの辞書をシュッパンする。（　）

20 知らぬがホトケ（　）

予想模擬テスト ❽

答えには、常用漢字の旧字体や表外漢字および常用漢字音訓表以外の読みを使ってはいけない。

時間 60分
合格点 140／200
得点

（一）次の――線の漢字の読みをひらがなで書きなさい。 (20) 1×20

1 祖国をはなれて旅に出る。（　　）
2 雑誌の図版を切りぬく。（　　）
3 結果は容易に想像がつく。（　　）
4 時報を知らせるベルが鳴る。（　　）
5 ドイツに留学したことがある。（　　）
6 貧しい人のために働きたい。（　　）
7 冷静に正しく判定する。（　　）
8 弟はサッカーに夢中になっている。（　　）
9 道路の改修工事が行われる。（　　）

（二）次の――線のカタカナを○の中の漢字と送りがな（ひらがな）で書きなさい。 (10) 2×5

〈例〉㊀投 ボールをナゲル。（投げる）

1 (燃) だんろの火がモエル。（　　）
2 (豊) ユタカナ自然にめぐまれる。（　　）
3 (再) フタタビ海外へ行くことになった。（　　）
4 (逆) 時代の流れにあえてサカラウ。（　　）
5 (解) くつの結び目がトケル。（　　）

（三）次の漢字の部首名と部首を書きなさい。部首名は、後の□から選んで記号で答えなさい。 (10) 1×10

〈例〉林・村　部首名（ア）　部首（木）

（四）次の漢字の太い画のところは筆順の何画目か、また総画数は何画か、算用数字（1、2、3…）で答えなさい。 (10) 1×10

〈例〉投　何画目（5）　総画数（7）

	何画目	総画数
団	（1）	（2）
往	（3）	（4）
務	（5）	（6）
豊	（7）	（8）
製	（9）	（10）

10 考えをありのままに記述する。（　　）

11 作業を要領よくすませる。（　　）

12 季節の移り変わりを楽しむ。（　　）

13 成績の上位者を発表する。（　　）

14 一定の速度を保って運転する。（　　）

15 武士の治めた時代について学ぶ。（　　）

16 使用時間に制限を設ける。（　　）

17 有意義な一日を過ごせた。（　　）

18 料理の注文を友人に任せる。（　　）

19 十対一でわがチームが圧勝した。（　　）

20 仏の顔も三度まで（　　）

	部首名	部首
価・似	（1　）	（2　）
防・険	（3　）	（4　）
救・散	（5　）	（6　）
令・余	（7　）	（8　）
表・製	（9　）	（10　）

ア きへん
イ のぶん ぼくづくり
ウ にんべん
エ ひとあし にんにょう
オ ひとやね
カ ぎょうにんべん
キ ころも
ク こざとへん
ケ おおがい
コ わかんむり

(五) 漢字を二字組み合わせたじゅく語では、二つの漢字の間に意味の上で、次のような関係があります。 (20) 2×10

ア 反対や対になる意味の字を組み合わせたもの。（例…上下）

イ 同じような意味の字を組み合わせたもの。（例…森林）

ウ 上の字が下の字の意味を説明（修飾）しているもの。（例…海水）

エ 下の字から上の字へ返って読むと意味がよくわかるもの。（例…消火）

次のじゅく語は、右のア～エのどれにあたるか、記号で答えなさい。

1 発着（　　）

2 予告（　　）

3 乗車（　　）

4 夫妻（　　）

5 貸借（　　）

6 衣服（　　）

7 開会（　　）

8 過去（　　）

9 思考（　　）

10 登山（　　）

(六) 次のカタカナを漢字になおし、一字だけ書きなさい。 (20) 2×10

1 建ゾウ物（　）
2 無所ゾク（　）
3 文化ザイ（　）
4 競ギ場（　）
5 コウ習会（　）
6 キョウ界線（　）
7 ヒ常識（　）
8 習カン化（　）
9 直ユ入（　）
10 ザイ校生（　）

(七) 後の□の中のひらがなを漢字になおして、対義語（意味が反対や対になることば）と、類義語（意味がよくにたことば）を書きなさい。□の中のひらがなは一度だけ使い、漢字一字を書きなさい。 (20) 2×10

対義語

相対―（1　）対

(八) 上の読みの漢字を□の中から選び、（　）にあてはめてじゅく語を作りなさい。答えは記号で書きなさい。 (12) 2×6

カ	（1　）能・定（2　）
	（3　）説
サイ	（4　）用・国（5　）
	（6　）害

ア 価　イ 再　ウ 果　エ 採
オ 災　カ 可　キ 妻　ク 過
ケ 課　コ 際　サ 仮　シ オ

(九) 漢字の読みには音と訓があります。次のじゅく語の読みは□の中のどの組み合わせになっていますか。ア～エの記号で答えなさい。 (20) 2×10

ア 音と音　イ 音と訓
ウ 訓と訓　エ 訓と音

1 綿花（めんか）（　）
2 現場（げんば）（　）
3 初夢（はつゆめ）（　）
6 名札（なふだ）（　）
7 旧型（きゅうがた）（　）
8 乗客（じょうきゃく）（　）

(十) 次の――線のカタカナを漢字になおしなさい。 (40) 2×20

1 旅行のジュンビをする。（　）
2 木のミキによじ登って遊ぶ。（　）
3 警察官（けい）にショクム質問をされる。（　）
4 机（つくえ）をとなりの教室にウツす。（　）
5 街のフッコウに向けて工事を行う。（　）
6 彼はテジナシである。（　）
7 小説のジョショウを読む。（　）
8 大臣のゴエイを務める。（　）
9 数学のショウメイ問題を解く。（　）
10 水がイキオいよく流れている。（　）

不潔—（2　）潔

受領—（3　）出

不燃—（4　）燃

根本—（5　）葉

か・せい・ぜっ・し・てい

類義語

全額—（6　）額

自立—（7　）立

成分—要（8　）

建設—建（9　）

業績—（10　）績

こう・ちく・そ・そう・どく

4 合図（あいず）（　）

5 屋内（おくない）（　）

9 布製（ぬのせい）（　）

10 真夏（まなつ）（　）

（十） 次の——線の**カタカナ**を**漢字**になおしなさい。（18）2×9

1 消息を<u>タ</u>っていた船を発見した。（　）

2 駅前の空き地にビルが<u>タ</u>った。（　）

3 このバスは全線<u>キン</u>一料金だ。（　）

4 飲食物の持ちこみを<u>キン</u>止する。（　）

5 父の会社は全国に<u>シ</u>社がある。（　）

6 国立大学への進学を<u>シ</u>望する。（　）

7 わたしの姉は明るい<u>セイ</u>格だ。（　）

8 自動車の通行を規<u>セイ</u>する。（　）

9 <u>セイ</u>カ的に活動に取り組む。（　）

11 書店で<u>シュウカン</u>誌（し）を買う。（　）

12 地道に日々の生活を<u>イトナ</u>む。（　）

13 大きな<u>ソンガイ</u>をこうむる。（　）

14 上司に<u>コトワ</u>ってから外出する。（　）

15 市民の生活について<u>チョウサ</u>する。（　）

16 <u>ツネ</u>日ごろから体をきたえている。（　）

17 特定の政党（とう）を<u>シジ</u>する。（　）

18 水がもれるのを<u>フセ</u>ぐ。（　）

19 <u>オウネン</u>の名選手の写真を見る。（　）

20 果<u>ホウ</u>はねて待て（　）

予想模擬テスト ⑨

答えには、常用漢字の旧字体や表外漢字および常用漢字音訓表以外の読みを使ってはいけない。

時間 60分
合格点 140/200
得点

(一) 次の——線の漢字の読みをひらがなで書きなさい。 (20) 1×20

1 電車がたいへん混んでいる。（　　）
2 生徒会の会議で議長を務める。（　　）
3 逆転となるシュートを放つ。（　　）
4 この薬はのどの痛(いた)みに効く。（　　）
5 実際にやってみるとおもしろい。（　　）
6 大会の賞状をいただく。（　　）
7 歴史上の人物の銅像を建てる。（　　）
8 夜景がまるで銀河のようだ。（　　）
9 自転車の部品が破損する。（　　）

(二) 次の——線のカタカナを○の中の漢字と送りがな（ひらがな）で書きなさい。 (10) 2×5

〈例〉(投) ボールをナゲル。（投げる）

1 (防) 交通事故を未然にフセグ。（　　）
2 (久) 彼(かれ)にはヒサシク会っていない。（　　）
3 (謝) 仕方なくアヤマル。（　　）
4 (慣) 外国の生活様式にナレル。（　　）
5 (述) きびしい意見をノベル。（　　）

(三) 次の漢字の部首名と部首を書きなさい。部首名は、後の□から選んで記号で答えなさい。 (10) 1×10

〈例〉林・村　部首名（ア）　部首（木）

(四) 次の漢字の太い画のところは筆順の何画目か、また総画数は何画か、算用数字（1、2、3…）で答えなさい。 (10) 1×10

〈例〉投　何画目（5）　総画数（7）

	何画目	総画数
効	（1）	（2）
際	（3）	（4）
舎	（5）	（6）
確	（7）	（8）
導	（9）	（10）

10 浜辺できれいな桜貝を拾う。（　　）

11 町のサッカーチームに所属する。（　　）

12 強風で折れた枝を拾い集める。（　　）

13 先生の話の内容を要約する。（　　）

14 妻とともに公園を散歩する。（　　）

15 判決を不服とする。（　　）

16 他人のあやまちを許す。（　　）

17 くわしい説明を省略する。（　　）

18 友人からのさそいを断る。（　　）

19 期待に応えてがんばる。（　　）

20 天は人の上に人を造らず（　　）

	部首名	部首
程・移	（1　）	（2　）
配・酸	（3　）	（4　）
容・察	（5　）	（6　）
貿・質	（7　）	（8　）
図・囲	（9　）	（10　）

ア　きへん
イ　かい こがい
ウ　くにがまえ
エ　おおがい
オ　とりへん
カ　のぎへん
キ　ちから
ク　うかんむり
ケ　しめす
コ　わかんむり

（五）

漢字を二字組み合わせたじゅく語では、二つの漢字の間に意味の上で、次のような関係があります。 (20) 2×10

ア　反対や対（つい）になる意味の字を組み合わせたもの。（例…上下）

イ　同じような意味の字を組み合わせたもの。（例…森林）

ウ　上の字が下の字の意味を説明（修飾（しゅうしょく））しているもの。（例…海水）

エ　下の字から上の字へ返って読むと意味がよくわかるもの。（例…消火）

次のじゅく語は、右のア〜エのどれにあたるか、記号で答えなさい。

1 寄港（　　）
2 言語（　　）
3 長短（　　）
4 受講（　　）
5 古書（　　）
6 借金（　　）
7 寒冷（　　）
8 眼下（　　）
9 満足（　　）
10 着席（　　）

(六) 次のカタカナを漢字になおし、一字だけ書きなさい。

(20) 2×10

1 無条ケン（　　）
2 高確リツ（　　）
3 シ本家（　　）
4 不信ニン（　　）
5 常習ハン（　　）
6 鉄コウ石（　　）
7 新カン線（　　）
8 ニ顔絵（　　）
9 調サ官（　　）
10 初出エン（　　）

(七) 後の□の中のひらがなを漢字になおして、対義語（意味が反対や対になることば）と、類義語（意味がよくにたことば）を書きなさい。□の中のひらがなは一度だけ使い、漢字一字を書きなさい。

(20) 2×10

対義語

個人―（1　　）体

(八) 上の読みの漢字を□の中から選び、（　）にあてはめてじゅく語を作りなさい。答えは記号で書きなさい。

(12) 2×6

ショウ	（1　）待・現（2　） （3　）書
コウ	（4　）図・（5　）習 （6　）果

ア 招　イ 講　ウ 賞　エ 興
オ 構　カ 証　キ 耕　ク 商
ケ 唱　コ 効　サ 象　シ 候

(九) 漢字の読みには音と訓があります。次のじゅく語の読みは□の中のどの組み合わせになっていますか。ア～エの記号で答えなさい。

(20) 2×10

ア 音と音　イ 音と訓
ウ 訓と訓　エ 訓と音

1 居所（いどころ）（　　）
2 丸太（まるた）（　　）
3 茶柱（ちゃばしら）（　　）
6 王様（おうさま）（　　）
7 組織（そしき）（　　）
8 指輪（ゆびわ）（　　）

(十) 次の――線のカタカナを漢字になおしなさい。

(40) 2×20

1 里に下りてきた動物をホゴする。（　　）
2 となりの家とのサカイにへいを作る。（　　）
3 練習でギジュツの向上をはかる。（　　）
4 ヒタイを集めて話し合う。（　　）
5 理科と数学のセイセキが上がる。（　　）
6 実力をアマすところなく発揮（き）する。（　　）
7 チョウヘン小説を読破する。（　　）
8 国民の生活を守るセイジを行う。（　　）
9 外国とのボウエキを進める。（　　）
10 正月は海外でスごしたいと思う。（　　）

増加―（2　）少

受動―（3　）動

感情―理（4　）

例外―原（5　）

げん・せい・そく・だん・のう

類義語

活発―（6　）活

運送―運（7　）

予想―予（8　）

様子―状（9　）

天分―（10　）質

し・かい・たい・そく・ゆ

4 炭酸（たんさん）（　）

5 矢印（やじるし）（　）

9 大判（おおばん）（　）

10 駅舎（えきしゃ）（　）

（十）次の――線のカタカナを漢字になおしなさい。（18）2×9

1 雲の切れ間から太陽がアラワれる。（　）

2 不安な気持ちが顔にアラワれる。（　）

3 まんがをム中になって読む。（　）

4 試合を前にム者ぶるいする。（　）

5 土地の売買で利エキを上げる。（　）

6 エキ体が気体に変わる。（　）

7 南極キ地に行く。（　）

8 南キ白浜の旅を楽しむ。（　）

9 キ則正しく針が進む。（　）

11 複数の意見をソウゴウして考える。（　）

12 進路についてマヨいが生じる。（　）

13 図書の貸し出しキゲンを守る。（　）

14 修学旅行の生徒をヒキいる。（　）

15 失礼なタイドを反省する。（　）

16 仲間同士でササえ合う。（　）

17 ゲンザイ位置を地図に示す。（　）

18 ラジオの放送に雑音がマじる。（　）

19 牧場で牛と馬をシイクする。（　）

20 新書がハンを重ねる。（　）

予想模擬テスト ⑩

答えには、常用漢字の旧字体や表外漢字および常用漢字音訓表以外の読みを使ってはいけない。

時間 60分
合格点 140/200
得点

(一) 次の――線の漢字の読みをひらがなで書きなさい。 (20) 1×20

1 チームの団結を固める。（　　）
2 国会答弁がテレビで放送される。（　　）
3 夏になると庭の雑草がよくのびる。（　　）
4 急いで救護にかけつける。（　　）
5 先生の授業はとても好評だ。（　　）
6 新しい生活にもようやく慣れた。（　　）
7 市民をねらう犯罪を取りしまる。（　　）
8 これまでのいきさつを報告する。（　　）
9 土地を耕して野菜を作る。（　　）

(二) 次の――線のカタカナを○の中の漢字と送りがな（ひらがな）で書きなさい。 (10) 2×5

〈例〉㊇投 ボールをナゲル。（投げる）

1 ㊇散 いつも弟は部屋をチラカス。（　　）
2 ㊇貧 マズシイ家に生まれる。（　　）
3 ㊇破 紙ぶくろの底がヤブレル。（　　）
4 ㊇初 ハジメテの海外旅行はもうすぐだ。（　　）
5 ㊇救 彼の言葉にスクワレル。（　　）

(三) 次の漢字の部首名と部首を書きなさい。部首名は、後の□から選んで記号で答えなさい。 (10) 1×10

〈例〉林・村　部首名（ア）　部首（木）

(四) 次の漢字の太い画のところは筆順の何画目か、また総画数は何画か、算用数字（1、2、3…）で答えなさい。 (10) 1×10

〈例〉投　何画目（5）　総画数（7）

	何画目	総画数
絶	(1)	(2)
構	(3)	(4)
破	(5)	(6)
提	(7)	(8)
河	(9)	(10)

10 久しぶりに海へ泳ぎに行った。（　）
11 早朝から店を開ける準備をする。（　）
12 赤と青の絵の具を混ぜる。（　）
13 文に句読点を正しく打つ。（　）
14 プレゼントをして好意を示す。（　）
15 土地を資材置き場として利用する。（　）
16 下水道の復旧工事を行う。（　）
17 綿のブラウスを着て歩く。（　）
18 鉄棒（ぼう）で逆上がりをする。（　）
19 教育の在り方が問われる。（　）
20 能あるタカはつめをかくす（　）

	部首名	部首
採・提	（1）	（2）
府・底	（3）	（4）
判・刊	（5）	（6）
節・管	（7）	（8）
鏡・銅	（9）	（10）

ア きへん　イ くさかんむり
ウ てへん　エ たけかんむり
オ まだれ　カ がんだれ
キ ちから　ク りっとう
ケ すん　コ かねへん

(五) 漢字を二字組み合わせたじゅく語では、二つの漢字の間に意味の上で、次のような関係があります。 (20) 2×10

ア 反対や対（つい）になる意味の字を組み合わせたもの。（例…上下）
イ 同じような意味の字を組み合わせたもの。（例…森林）
ウ 上の字が下の字の意味を説明（修飾（しゅうしょく））しているもの。（例…海水）
エ 下の字から上の字へ返って読むと意味がよくわかるもの。（例…消火）

次のじゅく語は、右のア〜エのどれにあたるか、記号で答えなさい。

1 河口（　）
2 新旧（　）
3 護身（　）
4 取得（　）
5 因果（　）
6 動静（　）
7 鉱山（　）
8 防災（　）
9 公害（　）
10 断絶（　）

（六）次のカタカナを漢字になおし、一字だけ書きなさい。 (20) 2×10

1 経エイ者（　）
2 建チク物（　）
3 エイ続的（　）
4 シ育係（　）
5 セイ治家（　）
6 感謝ジョウ（　）
7 低気アツ（　）
8 ヒ常口（　）
9 所トク税（　）
10 キン一化（　）

（七）後の□の中のひらがなを漢字になおして、対義語（意味が反対や対になることば）と、類義語（意味がよくにたことば）を書きなさい。□の中のひらがなは一度だけ使い、漢字一字を書きなさい。 (20) 2×10

対義語

反対―（1　）成

（八）上の読みの漢字を□の中から選び、（　）にあてはめてじゅく語を作りなさい。答えは記号で書きなさい。 (12) 2×6

ケン	保（1　）・事（2　） （3　）査
コ	（4　）性・事（5　） （6　）定

ア 険　イ 湖　ウ 験　エ 故
オ 個　カ 検　キ 古　ク 件
ケ 県　コ 戸　サ 研　シ 固

（九）漢字の読みには音と訓があります。次のじゅく語の読みは□の中のどの組み合わせになっていますか。ア～エの記号で答えなさい。 (20) 2×10

ア 音と音　イ 音と訓
ウ 訓と訓　エ 訓と音

1 両側（りょうがわ）（　）
2 住居（じゅうきょ）（　）
3 夕刊（ゆうかん）（　）
6 強気（つよき）（　）
7 仏心（ほとけごころ）（　）
8 許可（きょか）（　）

（十）次の――線のカタカナを漢字になおしなさい。 (40) 2×20

1 国民のリエキを第一に考える。（　）
2 昨日にクラべると少し暖（あたた）かい。（　）
3 将（しょう）来は数学のキョウシになりたい。（　）
4 生活がユタかになることを願う。（　）
5 ゼイキンを期日までに納（おさ）める。（　）
6 砂（すな）はまに波が打ちヨせる。（　）
7 セイギの味方が現れる。（　）
8 仕事をココロヨく引き受ける。（　）
9 特急列車がホームをツウカする。（　）
10 大学で学問をオサめる。（　）

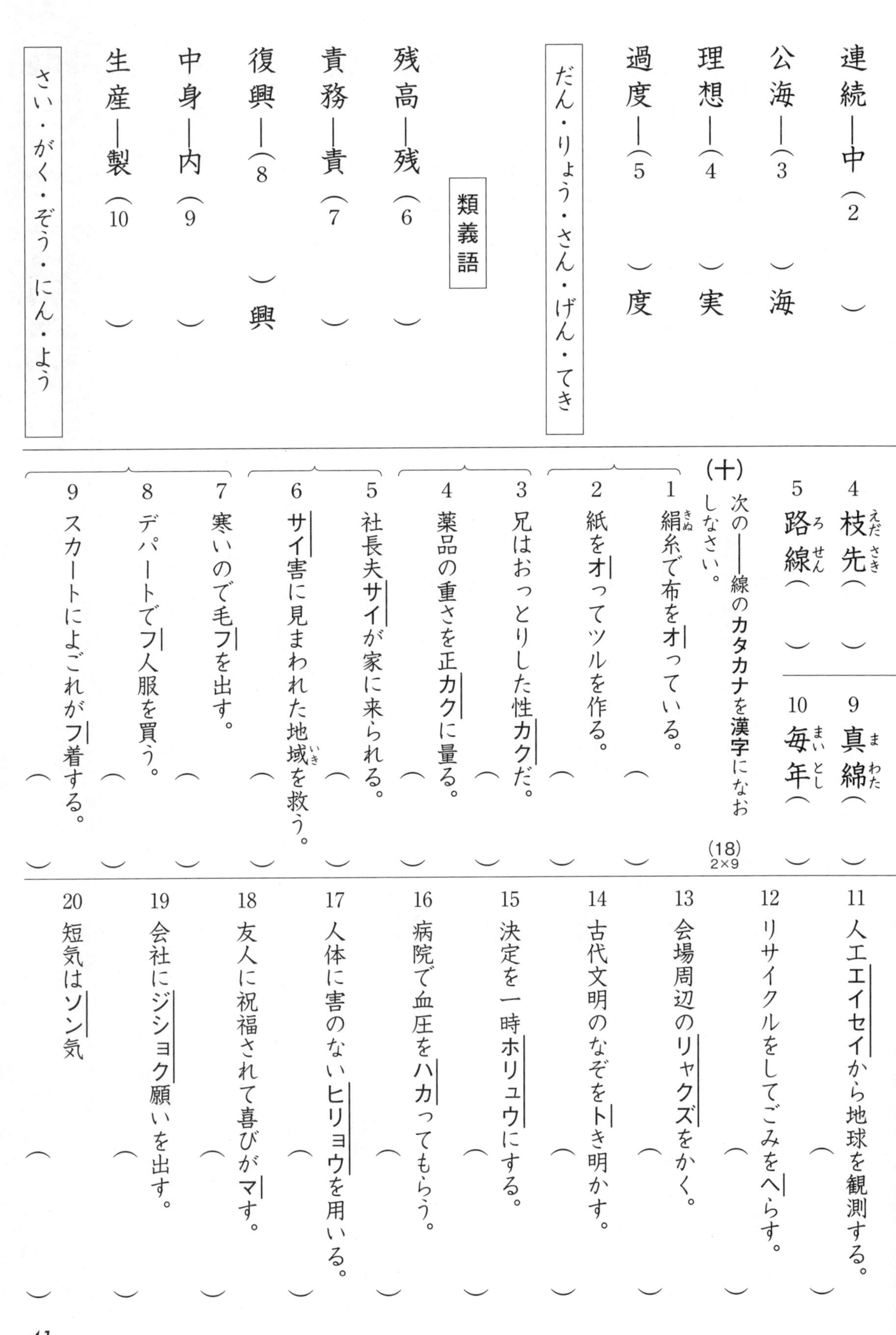

連続―中（2　　）

公海―（3　　）海

理想―（4　　）実

過度―（5　　）度

だん・りょう・さん・げん・てき

類義語

残高―残（6　　）

責務―責（7　　）

復興―（8　　）興

中身―内（9　　）

生産―製（10　　）

さい・がく・ぞう・にん・よう

4 枝先（えださき）（　　）

5 路線（ろせん）（　　）

9 真綿（まわた）（　　）

10 毎年（まいとし）（　　）

（十） 次の――線の**カタカナ**を**漢字**になおしなさい。 （18）2×9

1 絹糸（きぬ）で布をオっている。（　　）

2 紙をオってツルを作る。（　　）

3 兄はおっとりした性カクだ。（　　）

4 薬品の重さを正カクに量る。（　　）

5 社長夫サイが家に来られる。（　　）

6 サイ害に見まわれた地域（いき）を救う。（　　）

7 寒いので毛フを出す。（　　）

8 デパートでフ人服を買う。（　　）

9 スカートによごれがフ着する。（　　）

11 人工エイセイから地球を観測する。（　　）

12 リサイクルをしてごみをへらす。（　　）

13 会場周辺のリャクズをかく。（　　）

14 古代文明のなぞをトき明かす。（　　）

15 決定を一時ホリュウにする。（　　）

16 病院で血圧をハカってもらう。（　　）

17 人体に害のないヒリョウを用いる。（　　）

18 友人に祝福されて喜びがマす。（　　）

19 会社にジショク願いを出す。（　　）

20 短気はソン気（　　）

予想模擬テスト ⑪

答えには、常用(じょうよう)漢字の旧(きゅう)字体や表外漢字および常用漢字音訓表以外の読みを使ってはいけない。

時間 60分
合格点 140/200
得点

(一) 次の――線の漢字の読みをひらがなで書きなさい。 (20) 1×20

1 新幹線に乗って旅行をする。（　　）
2 作業の手順を易しく説明する。（　　）
3 志を高く持って努力する。（　　）
4 兄は大学で教育学を修めた。（　　）
5 原油を精製する工場を建てる。（　　）
6 一度暴れだすと手がつけられない。（　　）
7 古い校舎を大切に保存(ぞん)する。（　　）
8 災害から人々の命を守る。（　　）
9 祭りに大勢の人が参加する。（　　）

(二) 次の――線のカタカナを○の中の漢字と送りがな（ひらがな）で書きなさい。 (10) 2×5

〈例〉(投) ボールをナゲル。（投げる）

1 (過) 家の前を通りスギル。（　　）
2 (任) むずかしい仕事をマカス。（　　）
3 (厚) 空がアツイ雲でおおわれる。（　　）
4 (保) 室内の温度を一定にタモツ。（　　）
5 (許) 子どものわがままをユルス。（　　）

(三) 次の漢字の部首名と部首を書きなさい。部首名は、後の□から選んで記号で答えなさい。 (10) 1×10

	部首名	部首
〈例〉林・村	（ア）	（木）

(四) 次の漢字の太い画のところは筆順の何画目か、また総画数は何画か、算用数字（1、2、3…）で答えなさい。 (10) 1×10

	何画目	総画数
〈例〉投	（5）	（7）
性	（1）	（2）
減	（3）	（4）
逆	（5）	（6）
義	（7）	（8）
武	（9）	（10）

10 まちがいがないかどうか確かめる。（　　）

11 先人からすぐれた技術を学ぶ。（　　）

12 連勝していても油断は禁物だ。（　　）

13 リーダーの意見に賛同する。（　　）

14 ミスをした自分自身を責める。（　　）

15 台所をいつも清潔にしておく。（　　）

16 先生の言葉を心に留めておく。（　　）

17 知らない街の中で道に迷う。（　　）

18 特別席を設ける。（　　）

19 先生がテストの採点を行う。（　　）

20 罪をにくんで人をにくまず（　　）

	部首名	部首
陸・際	（1　）	（2　）
救・教	（3　）	（4　）
造・達	（5　）	（6　）
態・思	（7　）	（8　）
在・基	（9　）	（10　）

ア きへん　イ こざとへん
ウ た　エ のぶん ぼくづくり
オ こころ　カ おおざと
キ りっとう　ク しんにょう しんにゅう
ケ つち　コ えんにょう

(五) 漢字を二字組み合わせたじゅく語では、二つの漢字の間に意味の上で、次のような関係があります。(20) 2×10

ア 反対や対になる意味の字を組み合わせたもの。（例…上下）

イ 同じような意味の字を組み合わせたもの。（例…森林）

ウ 上の字が下の字の意味を説明（修飾）しているもの。（例…海水）

エ 下の字から上の字へ返って読むと意味がよくわかるもの。（例…消火）

次のじゅく語は、右のア〜エのどれにあたるか、記号で答えなさい。

1 水圧（　　）
2 遠近（　　）
3 採取（　　）
4 改心（　　）
5 勝敗（　　）
6 中毒（　　）
7 応答（　　）
8 国境（　　）
9 小枝（　　）
10 変色（　　）

(六) 次のカタカナを漢字になおし、一字だけ書きなさい。 (20) 2×10

1 キ則的（　　）
2 名エン技（　　）
3 真ハン人（　　）
4 ドウ火線（　　）
5 判ダンカ（　　）
6 医ム室（　　）
7 ソウ動員（　　）
8 キ生虫（　　）
9 シ望校（　　）
10 不合カク（　　）

(七) 後の□の中のひらがなを漢字になおして、対義語（意味が反対や対になることば）と、類義語（意味がよくにたことば）を書きなさい。□の中のひらがなは一度だけ使い、漢字一字を書きなさい。 (20) 2×10

対義語

正式―（1　　）式

(八) 上の読みの漢字を□の中から選び、（　）にあてはめてじゅく語を作りなさい。答えは記号で書きなさい。 (12) 2×6

カ	（1　　）口・定（2　　） （3　　）能
セツ	（4　　）立・（5　　）明 直（6　　）

ア 可　イ 接　ウ 貨　エ 切
オ 節　カ 加　キ 設　ク 価
ケ 河　コ 説　サ 果　シ 折

(九) 漢字の読みには音と訓があります。次のじゅく語の読みは□の中のどの組み合わせになっていますか。ア〜エの記号で答えなさい。 (20) 2×10

ア 音と音　イ 音と訓
ウ 訓と訓　エ 訓と音

1 味方（みかた）（　　）
2 枝葉（えだは）（　　）
3 初孫（はつまご）（　　）
6 横町（よこちょう）（　　）
7 銅像（どうぞう）（　　）
8 塩酸（えんさん）（　　）

(十) 次の――線のカタカナを漢字になおしなさい。 (40) 2×20

1 望遠鏡でギンガをながめる。（　　）
2 働いてお金をエる。（　　）
3 今月のエイギョウ目標を達成した。（　　）
4 友人に別れをツげる。（　　）
5 会員にゲンテイして販（はん）売する。（　　）
6 砂（すな）時計をサカさまにする。（　　）
7 軍人がアンサツされる。（　　）
8 駅前には高層（そう）ケンチクが多い。（　　）
9 シュウイに気を配る。（　　）
10 このマンションはカリの住まいだ。（　　）

実名―（2　）名
発病―全（3　）
結果―原（4　）
過失―（5　）意

いん・か・こ・かい・りゃく

類義語

失望―（6　）望
通知―通（7　）
成果―成（8　）
財産―（9　）産
案内―先（10　）

どう・し・ぜつ・せき・こく

4 測定（そくてい）（　）
5 新型（しんがた）（　）
9 荷物（にもつ）（　）
10 仏様（ほとけさま）（　）

(十) 次の――線の**カタカナ**を**漢字**になおしなさい。 (18) 2×9

1 古代文明のなぞをトく。（　）
2 世の中の道理をトく。（　）
3 野菜がのきなみホウ作だ。（　）
4 グラウンドを市民に開ホウする。（　）
5 先生にエン技をほめられる。（　）
6 エン分がひかえ目な料理だ。（　）
7 空いた時間を有コウに活用する。（　）
8 文章のコウ成を考える。（　）
9 温暖（だん）な気コウの土地に引っこす。（　）

11 ケンサ結果は良好だった。（　）
12 ユウドクガスが発生する。（　）
13 新学期のジュギョウが始まる。（　）
14 長い時をヘて化石になる。（　）
15 大会でショウジョウをもらう。（　）
16 夫がツマをやさしくいたわる。（　）
17 姉はガンカ医院に通っている。（　）
18 身なりをまったくカマわない。（　）
19 雨にぬれてキンゾクがさびる。（　）
20 疑うヨチはない。（　）

予想模擬テスト ⑫

答えには、常用漢字の旧字体や表外漢字および常用漢字音訓表以外の読みを使ってはいけない。

時間 60分
合格点 140/200
得点

(一) 次の――線の漢字の読みをひらがなで書きなさい。 (20) 1×20

1 こわれた時計を修理する。（　）
2 ぼくと兄は声がよく似ている。（　）
3 常に先のことを考えて行動する。（　）
4 有名な選手をコーチとして招く。（　）
5 発表した作品が高い評価を受ける。（　）
6 有名人が親善大使に任命される。（　）
7 画像をパソコンに取りこむ。（　）
8 落ち着いた態度で話を聞く。（　）
9 実験が失敗した原因をつきとめる。（　）

(二) 次の――線のカタカナを○の中の漢字と送りがな(ひらがな)で書きなさい。 (10) 2×5

〈例〉(投) ボールをナゲル。（投げる）

1 (示) コーチが選手に手本をシメス。（　）
2 (築) 明るい家庭をキズク。（　）
3 (測) 体温計で熱をハカル。（　）
4 (造) 米から日本酒をツクル。（　）
5 (肥) 畑の土がよくコエル。（　）

(三) 次の漢字の部首名と部首を書きなさい。部首名は、後の□から選んで記号で答えなさい。 (10) 1×10

〈例〉林・村　部首名（ア）　部首（木）

(四) 次の漢字の太い画のところは筆順の何画目か、また総画数は何画か、算用数字(1、2、3…)で答えなさい。 (10) 1×10

〈例〉投　何画目（5）　総画数（7）

	何画目	総画数
圧	（1）	（2）
限	（3）	（4）
準	（5）	（6）
弁	（7）	（8）
衛	（9）	（10）

10 議会で法案が可決された。（　　）

11 自由自在にボールをあやつる。（　　）

12 受験に備えて冬期講習を受ける。（　　）

13 スポーツを通じて精神をきたえる。（　　）

14 先生の言葉が心の支えとなった。（　　）

15 日帰りで東京に出張する。（　　）

16 やんでいた雨が再び降り始めた。（　　）

17 迷子になった子どもを保護する。（　　）

18 山に行って山菜を採る。（　　）

19 糸をつむいで布を織る。（　　）

20 情けは人のためならず（　　）

	部首名	部首
液・潔	（1）	（2）
資・貨	（3）	（4）
仏・修	（5）	（6）
寄・容	（7）	（8）
塩・増	（9）	（10）

ア きへん　イ くにがまえ
ウ こがい（かい）　エ つちへん
オ さんずい　カ うかんむり
キ おおがい　ク わかんむり
ケ にんべん　コ ぎょうにんべん

(五) 漢字を二字組み合わせたじゅく語では、二つの漢字の間に意味の上で、次のような関係があります。 (20) 2×10

ア 反対や対になる意味の字を組み合わせたもの。（例…上下）
イ 同じような意味の字を組み合わせたもの。（例…森林）
ウ 上の字が下の字の意味を説明（修飾）しているもの。（例…海水）
エ 下の字から上の字へ返って読むと意味がよくわかるもの。（例…消火）

次のじゅく語は、右のア～エのどれにあたるか、記号で答えなさい。

1 単独（　　）
2 加熱（　　）
3 移転（　　）
4 酸性（　　）
5 高低（　　）
6 製紙（　　）
7 求職（　　）
8 売買（　　）
9 再開（　　）
10 利益（　　）

（六）次のカタカナを漢字になおし、一字だけ書きなさい。 (20) 2×10

1 ク読点（　）
2 高気アツ（　）
3 老ガン鏡（　）
4 シ育係（　）
5 塩加ゲン（　）
6 不利エキ（　）
7 芸ジュツ性（　）
8 エイ久歯（　）
9 ショウ竹梅（　）
10 無意シキ（　）

（七）後の□の中のひらがなを漢字になおして、対義語（意味が反対や対になることば）と、類義語（意味がよくにたことば）を書きなさい。□の中のひらがなは一度だけ使い、漢字一字を書きなさい。 (20) 2×10

対義語

連続―（1　）続

（八）上の読みの漢字を□の中から選び、（　）にあてはめてじゅく語を作りなさい。答えは記号で書きなさい。 (12) 2×6

セイ	（1　）力・反（2　）
	（3　）治
ヒ	（4　）料・（5　）用
	（6　）常

ア 肥	イ 省	ウ 皮	エ 清
オ 制	カ 非	キ 勢	ク 比
ケ 費	コ 製	サ 飛	シ 政

（九）漢字の読みには音と訓があります。次のじゅく語の読みは□の中のどの組み合わせになっていますか。ア～エの記号で答えなさい。 (20) 2×10

ア 音と音	イ 音と訓
ウ 訓と訓	エ 訓と音

1 親分（おやぶん）（　）
2 厚紙（あつがみ）（　）
3 士気（しき）（　）
6 格安（かくやす）（　）
7 音色（ねいろ）（　）
8 関所（せきしょ）（　）

（十）次の――線のカタカナを漢字になおしなさい。 (40) 2×20

1 漢字をセイカクに書く。（　）
2 虫をつかまえようとそっとチカヨる。（　）
3 バスがテイリュウ所に着く。（　）
4 駅前のビルに事務所をモウける。（　）
5 だましたことをセめる。（　）
6 受験にテキした問題集を買う。（　）
7 会議の結果を上司にホウコクする。（　）
8 主役としてドラマにシュツエンする。（　）
9 市民をハンザイから守る。（　）
10 会社のサイヨウ試験を受ける。（　）

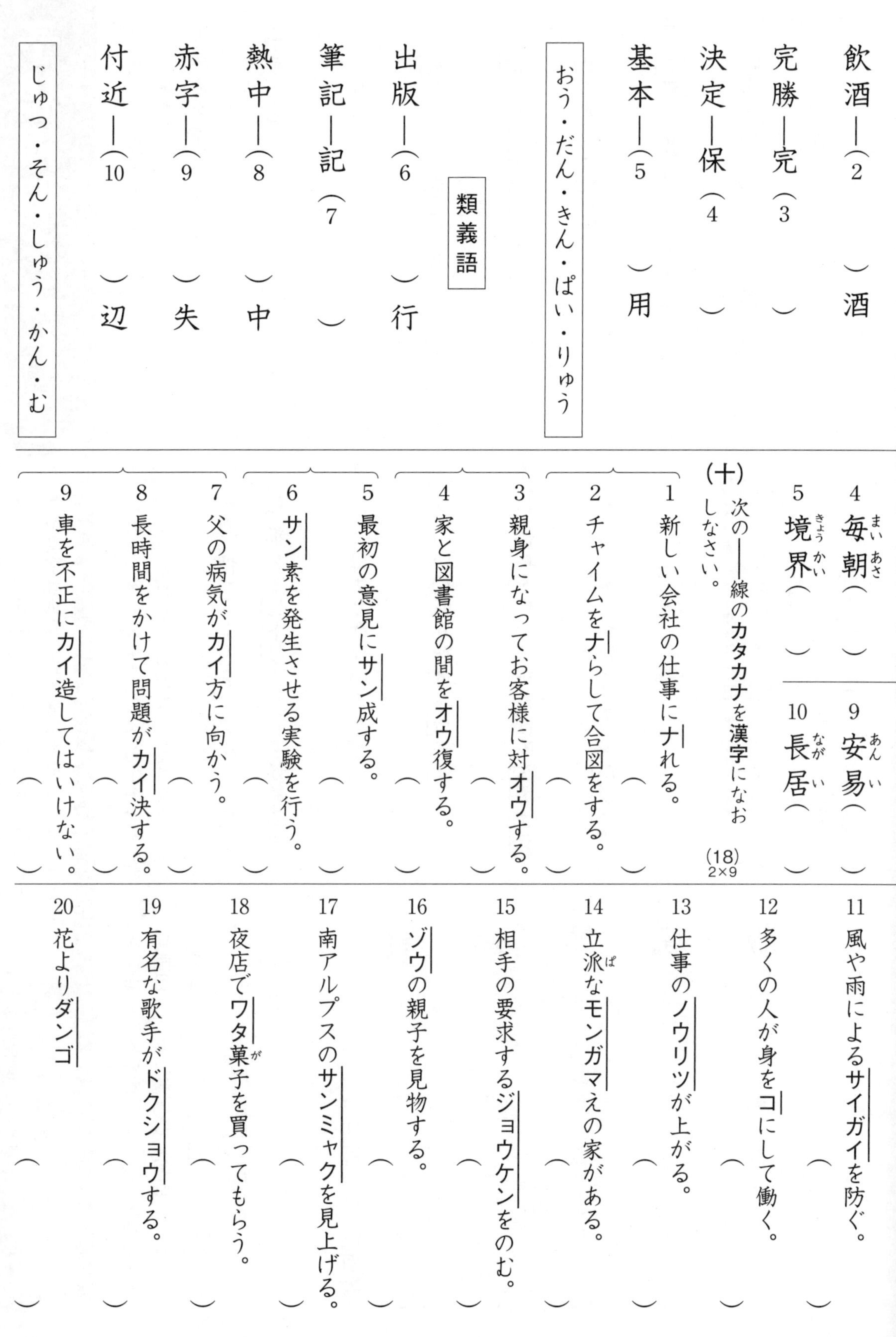

飲酒—（2　　）酒

完勝—完（3　　）

決定—保（4　　）

基本—（5　　）用

おう・だん・きん・ぱい・りゅう

類義語

出版—（6　　）行

筆記—記（7　　）

熱中—（8　　）中

赤字—（9　　）失

付近—（10　　）辺

じゅつ・そん・しゅう・かん・む

4 毎朝（まいあさ）（　　）

5 境界（きょうかい）（　　）

9 安易（あんい）（　　）

10 長居（ながい）（　　）

(十) 次の——線の**カタカナ**を**漢字**になおしなさい。 (18) 2×9

1 新しい会社の仕事にナれる。（　　）

2 チャイムをナらして合図をする。（　　）

3 親身になってお客様に対オウする。（　　）

4 家と図書館の間をオウ復する。（　　）

5 最初の意見にサン成する。（　　）

6 サン素を発生させる実験を行う。（　　）

7 父の病気がカイ方に向かう。（　　）

8 長時間をかけて問題がカイ決する。（　　）

9 車を不正にカイ造してはいけない。（　　）

11 風や雨によるサイガイを防ぐ。（　　）

12 多くの人が身をコにして働く。（　　）

13 仕事のノウリツが上がる。（　　）

14 立派（ぱ）なモンガマえの家がある。（　　）

15 相手の要求するジョウケンをのむ。（　　）

16 ゾウの親子を見物する。（　　）

17 南アルプスのサンミャクを見上げる。（　　）

18 夜店でワタ菓子（が）を買ってもらう。（　　）

19 有名な歌手がドクショウする。（　　）

20 花よりダンゴ（　　）

予想模擬テスト 13

答えには、常用漢字の旧字体や表外漢字および常用漢字音訓表以外の読みを使ってはいけない。

時間 60分
合格点 140/200
得点

（一）次の——線の漢字の読みをひらがなで書きなさい。（20）1×20

1 気象台を見学する。（　）
2 赤い毛糸でマフラーを編む。（　）
3 危機をのがれたときの心境を語る。（　）
4 険しい目で試合の様子を見守る。（　）
5 液状の物質を容器に入れる。（　）
6 川に落ちた犬を救う。（　）
7 高価な品物ばかりが並んでいる。（　）
8 接戦を勝ちぬいて決勝戦に進む。（　）
9 糸が複雑にからまっている。（　）

（二）次の——線のカタカナを○の中の漢字と送りがな（ひらがな）で書きなさい。（10）2×5

〈例〉㊀投 ボールをナゲル。（投げる）

1 ㊀独 都会でヒトリぐらしを始める。（　）
2 ㊀情 父はナサケ深い人だ。（　）
3 ㊀責 いい加減な態度をセメル。（　）
4 ㊀耕 機械を使って田んぼをタガヤス。（　）
5 ㊀省 節約を心がけてむだをハブク。（　）

（三）次の漢字の部首名と部首を書きなさい。部首名は、後の□から選んで記号で答えなさい。（10）1×10

〈例〉林・村　部首名（ア）　部首（木）

（四）次の漢字の太い画のところは筆順の何画目か、また総画数は何画か、算用数字（1、2、3…）で答えなさい。（10）1×10

〈例〉投　何画目（5）　総画数（7）

	何画目	総画数
貿	（1）	（2）
迷	（3）	（4）
態	（5）	（6）
属	（7）	（8）
版	（9）	（10）

10 医者を志して勉強にはげむ。（　）
11 ランナーが軽快に走り去っていく。（　）
12 山の中に広い墓地がある。（　）
13 新刊の本を書店でさがす。（　）
14 家族そろって居間でくつろぐ。（　）
15 情景を思いうかべながら本を読む。（　）
16 総合学習の指導を行う。（　）
17 酸味の強い果物が好きだ。（　）
18 新しい製品を店頭に並(なら)べる。（　）
19 暴力ではなく話し合いで解決する。（　）
20 年寄りの冷や水（　）

	部首名	部首
灯・燃	（1　）	（2　）
副・刷	（3　）	（4　）
旧・暴	（5　）	（6　）
紀・織	（7　）	（8　）
復・往	（9　）	（10　）

ア きへん　イ にんべん
ウ ひへん　エ ぎょうにんべん
オ りっとう　カ がんだれ
キ おおがい　ク ひ
ケ いとへん　コ もんがまえ

(五) 漢字を二字組み合わせたじゅく語では、二つの漢字の間に意味の上で、次のような関係があります。　(20) 2×10

ア 反対や対(つい)になる意味の字を組み合わせたもの。（例…上下）
イ 同じような意味の字を組み合わせたもの。（例…森林）
ウ 上の字が下の字の意味を説明（修飾(しゅうしょく)）しているもの。（例…海水）
エ 下の字から上の字へ返って読むと意味がよくわかるもの。（例…消火）

次のじゅく語は、右のア〜エのどれにあたるか、記号で答えなさい。

1 強弱（　）
2 建設（　）
3 寒暑（　）
4 減税（　）
5 断水（　）
6 往来（　）
7 仮定（　）
8 造船（　）
9 初雪（　）
10 通過（　）

（六） 次のカタカナを漢字になおし、一字だけ書きなさい。 (20) 2×10

1 ゲン実的（　）
2 ジ談金（　）
3 最大ゲン（　）
4 栄養ソ（　）
5 チョ水池（　）
6 ヒ売品（　）
7 習カン化（　）
8 ノウ天気（　）
9 無所ゾク（　）
10 ユ入品（　）

（七） 後の□の中のひらがなを漢字になおして、対義語（意味が反対や対になることば）と、類義語（意味がよくにたことば）を書きなさい。□の中のひらがなは一度だけ使い、漢字一字を書きなさい。 (20) 2×10

対義語

固定―（1　）動

（八） 上の読みの漢字を□の中から選び、（　）にあてはめてじゅく語を作りなさい。答えは記号で書きなさい。 (12) 2×6

ハン	（1　）断・（2　）人 （3　）画
シ	（4　）金・医（5　） （6　）育

ア 犯　イ 資　ウ 反　エ 史
オ 飼　カ 飯　キ 司　ク 判
ケ 班　コ 師　サ 版　シ 支

（九） 漢字の読みには音と訓があります。次のじゅく語の読みは□の中のどの組み合わせになっていますか。ア～エの記号で答えなさい。 (20) 2×10

ア 音と音　イ 音と訓
ウ 訓と訓　エ 訓と音

1 種類（しゅるい）（　）
2 永遠（えいえん）（　）
3 手製（てせい）（　）
6 親身（しんみ）（　）
7 宿舎（しゅくしゃ）（　）
8 書留（かきとめ）（　）

（十） 次の――線のカタカナを漢字になおしなさい。 (40) 2×20

1 日本のビジュツ史を勉強する。（　）
2 子どもでも読めるヤサしい文章だ。（　）
3 会場へは二十分テイドで着く。（　）
4 大きなガクに風景画を入れる。（　）
5 食品をケン査する。（　）
6 友人の家の住所をタシかめる。（　）
7 戦国時代のブシについて本を書く。（　）
8 雨が上がり、試合がサイカイされた。（　）
9 全国的に高キアツにおおわれる。（　）
10 エアコンで快適な温度をタモつ。（　）

形式—内（2　　）
提出—受（3　　）
損失—利（4　　）
読点—（5　　）点

えき・い・りょう・く・よう

類義語

志望—志（6　　）
説明—（7　　）説
最良—（8　　）好
辞職—辞（9　　）
保健—（10　　）生

えい・かい・ぜっ・にん・がん

---

4 客間（きゃくま）（　　）
5 文句（もんく）（　　）
9 湯気（ゆげ）（　　）
10 山桜（やまざくら）（　　）

（十） 次の——線の**カタカナ**を**漢字**になおしなさい。 (18) 2×9

1 一着でゴールしてトク意顔だ。（　　）
2 道トクの時間が好きだ。（　　）
3 会社の事ム室に顔を出す。（　　）
4 ム中になって小説を読む。（　　）
5 本人であることをショウ明する。（　　）
6 この絵は印ショウ的だ。（　　）
7 投票は無コウとなる。（　　）
8 コウ地面積を調べる。（　　）
9 無事にコウ海を終えた。（　　）

---

11 今週は動物アイゴ週間だ。（　　）
12 意外と簡（かん）単に問題がトけた。（　　）
13 カサイの発生を消防署（しょ）に知らせる。（　　）
14 ハりきって旅行に出かける。（　　）
15 セイケツな衣服を身につける。（　　）
16 コウザンから宝（ほう）石の原石を採る。（　　）
17 コクサイ線の飛行機に乗る。（　　）
18 オリンピックでドウメダルをとる。（　　）
19 キジュツ式の問題を出す。（　　）
20 ニ顔絵がはり出される。（　　）

資料1　知っておきたい対義語・類義語（一例）

対義語

◇悪化—好転
◇暗黒—光明
◇運動—静止
◇益虫—害虫
◇解散—集合
◇過失—故意
◇合唱—独唱
◇元金—利子
◇感情—理性
◇幹線—支線
◇希望—絶望
◇共同—単独
◇許可—禁止
◇形式—内容
◇原因—結果
◇健康—病気

◇現実—理想
◇減少—増加
◇原則—例外
◇合成—分解
◇交流—直流
◇固定—移動
◇賛成—反対
◇子孫—先祖
◇失敗—成功
◇質問—回答
◇終着—始発
◇収入—支出
◇修理—破損
◇勝利—敗北
◇人工—自然
◇深夜—白昼

◇生産—消費
◇精神—肉体
◇前進—後退
◇全体—部分
◇続行—中止
◇損害—利益
◇単数—複数
◇団体—個人
◇着席—起立
◇点線—実線
◇得点—失点
◇苦手—得意
◇平等—差別
◇分散—集中
◇未来—過去
◇用心—油断

類義語

◇赤字—損失
◇安全—無事
◇案内—先導
◇因習—風習
◇音信—消息
◇加減—程度
◇関心—興味
◇技能—技術
◇希望—志願
◇基本—根幹
◇教員—教師
◇気楽—安易
◇近所—近辺
◇好意—親切
◇向上—進歩
◇効力—効能

◇自習—独学
◇始末—解決
◇使命—任務
◇住居—家屋
◇進歩—発達
◇成果—実績
◇生産—製造
◇性質—性格
◇成分—要素
◇責務—責任
◇短所—欠点
◇長所—美点
◇通商—貿易
◇手軽—容易
◇同意—賛成
◇動機—原因

◇日常—平素
◇発行—出版
◇平等—公平
◇不安—心配
◇副業—内職
◇便利—重宝
◇保健—衛生
◇母国—祖国
◇元手—資本
◇友好—親交
◇用意—準備
◇陽気—快活
◇様子—状態
◇予想—予測
◇理由—原因
◇留守—不在

資料2

同じ読みのじゅく語・漢字

同音異義語

◇意外・以外
◇意志・意思・医師
◇運行・運航
◇衛星・衛生
◇大型・大形
◇回答・解答
◇街灯・街頭
◇回復・快復
◇開放・解放
◇化学・科学
◇過程・課程
◇完工・観光
◇完勝・観賞
◇関心・感心
◇完治・感知・関知
◇機運・気運
◇機会・器械・機械
◇器官・気管・期間・機関
◇気象・希少
◇休息・球速・急速
◇競争・競走
◇共同・協同
◇訓示・訓辞
◇欠航・血行・決行
◇原型・原形
◇原始・原子
◇講演・公演
◇航海・公海・公開
◇光学・後学・工学・高額
◇広告・公告
◇工作・耕作
◇工程・行程・校庭・高低
◇広報・公報
◇国政・国勢
◇個人・故人・古人
◇再会・再開
◇細心・最新
◇作成・作製
◇時期・時機・次期・時季
◇史上・市場・紙上・試乗
◇自制・時世・時勢・自省
◇実態・実体
◇辞典・事典・字典・次点・自転
◇辞任・自任
◇少数・小数
◇所用・所要
◇人口・人工
◇心情・信条・真情
◇生産・清算
◇成長・生長・成鳥・声調
◇対象・対照・大勝・大賞
◇体制・態勢・大勢・体勢
◇追求・追究
◇天日・天火
◇伝道・電動・伝導
◇不要・不用
◇保健・保険
◇無給・無休
◇無情・無常
◇野性・野生
◇容易・用意
◇用件・要件
◇用紙・養子
◇用地・要地
◇両用・両様

同訓異字

◇あう（会う・合う）
◇あからむ（赤らむ・明らむ）
◇あがる（上がる・挙がる）
◇あける（空ける・明ける・開ける）
◇あつい（暑い・熱い・厚い）
◇あらわす（表す・現す）
◇ある（有る・在る）
◇うつす（移す・写す）
◇うまれる（生まれる・産まれる）
◇おう（負う・追う）
◇おさめる（修める・治める）
◇おる（折る・織る）
◇かう（買う・飼う）
◇かえる（返る・帰る・変える・代える）
◇かく（書く・欠く）
◇きく（聞く・効く）
◇きる（切る・着る）
◇さす（指す・差す）
◇さます（冷ます・覚ます）
◇たつ（立つ・絶つ・建つ）
◇つく（着く・付く）
◇つくる（作る・造る）
◇つとめる（努める・務める）
◇とく（説く・解く）
◇とまる（止まる・留まる）
◇とる（取る・採る）
◇なおす（直す・治す）
◇ながい（長い・永い）
◇なく（鳴く・泣く）
◇のぼる（上る・登る）
◇はかる（計る・量る・測る）
◇はじめ（始め・初め）
◇はなす（話す・放す）
◇はやい（早い・速い）
◇へる（経る・減る）
◇まざる（交ざる・混ざる）
◇まるい（円い・丸い）
◇まわり（回り・周り）
◇やぶれる（敗れる・破れる）

「日本漢字能力検定」の受検の申し込み方法や検定実施日など，検定の詳細につきましては，「日本漢字能力検定協会」のホームページなどをご参照ください。

また，本書に関する最新情報は，当社ホームページにある**本書の「サポート情報」**をご覧ください。（開設していない場合もございます。）

漢字検定 6級 ピタリ！予想模試〔改訂版〕

編著者　絶対合格プロジェクト
発行者　岡　本　明　剛
印刷所　寿　　印　　刷

発行所　**受験研究社**

〒550-0013 大阪市西区新町２丁目19番15号
注文・不良品などについて：(06)6532-1581(代表)／本の内容について：(06)6532-1586(編集)

Printed in Japan　高廣製本
落丁・乱丁本はお取り替えします。

ひっぱると，はずして使えます。

予想模擬テスト❶

標準解答 2ページ～5ページ

(一) 読み (20)

1	2	3	4	5	6	7	8	9	10
しか	こうせき	す	かわ	そくりょうず	こばん	じほう	さかだ	えんしゅう	ぜいりし

(二) 漢字と送りがな (10)

1	2	3	4	5
混じる	断る	現れる	率いる	喜ばれる

(三) 部首名と部首 (10)

1	2	3
キ	月	ク

(四) 画数 (10)

1	2	3	4	5	6	7	8	9	10
1	5	4	11	6	8	4	10	1	10

(六) 三字のじゅく語 (20)

1	2	3	4	5	6	7	8	9	10
領	独	留	張	在	易	術	許	限	弁

(八) じゅく語作り (12)

1	2	3	4	5	6
サ	ケ	カ	キ	エ	コ

(九) 音と訓 (20)

1	2	3	4	5	6	7	8	9	10
ア	ウ	ア	イ	イ	イ	エ	ア	ウ	ア

(十) 漢字 (40)

1	2	3	4	5	6	7	8	9	10
転任	減	設計	雑費	感謝	勢力	禁	久	接近	応

11	12	13	14	15	16	17	18	19	20
しゅうい	じけん	ふさい	ぞうきばやし	もんく	たんそ	りょうし	しんきょ	けんしゅう	きゅうじょ

4	5	6	7	8	9	10
⺍	オ	口	エ	力	イ	灬

(五) じゅく語の構成 (20)

1	2	3	4	5	6	7	8	9	10
エ	ア	イ	エ	ア	ウ	エ	イ	ウ	ア

(七) 対義語・類義語 (20)

1	2	3	4	5	6	7	8	9	10
述	個	益	単	洋	慣	責	意	減	賛

(十) 同じ読みの漢字 (18)

1	2	3	4	5	6	7	8	9
暑	厚	条	状	採	際	台	態	帯

11	12	13	14	15	16	17	18	19	20
編	往復	貯金	独	正義	印象	文化財	解	個別	慣

予想模擬テスト②

標準解答

6ページ～9ページ

（一）読み（20）

1	2	3	4	5	6	7	8	9	10
かり	へいじょうしん	かくちょう	べんとう	ひりょう	しいく	えいせい	ひれい	えんぜつ	でんとう

（二）漢字と送りがな（10）

1	2	3	4	5
絶やす	留める	移る	永い	余す

（三）部首名と部首（10）

1	2	3
ウ	扌	カ

（四）画数（10）

1	2	3	4	5	6	7	8	9	10
6	13	13	16	3	4	3	12	7	11

（六）三字のじゅく語（20）

1	2	3	4	5	6	7	8	9	10
紀	現	非	暴	河	応	経	久	句	率

（八）じゅく語作り（12）

1	2	3	4	5	6
イ	カ	ウ	ケ	コ	キ

（九）音と訓（20）

1	2	3	4	5	6	7	8	9	10
イ	ア	ア	エ	イ	エ	ア	イ	ア	エ

（十）漢字（40）

1	2	3	4	5	6	7	8	9	10
製品	在	漁師	価値	知識	歴史	講習	実態	解決	才能

11	12	13	14	15	16	17	18	19	20
い	かいてき	けつえき	かずかぎ	ごがん	さいせい	よねつ	おうらい	じんみゃく	こなぐすり

4	5	6	7	8	9	10
刂	コ	宀	オ	攵	エ	巾

(五) じゅく語の構成 (20)

1	2	3	4	5	6	7	8	9	10
イ	ア	ウ	イ	エ	イ	ア	エ	ア	ウ

(七) 対義語・類義語 (20)

1	2	3	4	5	6	7	8	9	10
雑	禁	質	支	制	版	祖	標	師	欠

(十) 同じ読みの漢字 (18)

1	2	3	4	5	6	7	8	9
団	断	程	提	久	旧	制	性	静

11	12	13	14	15	16	17	18	19	20
指示	独立	賞状	築	構造	犯人	務	省略	可能	夫婦

予想模擬テスト③ 標準解答

10ページ～13ページ

(一) 読み (20)

1	2	3	4	5	6	7	8	9	10
ぜっこう	か	じょうたい	こうどう	かいふく	へ	ぎじゅつ	ゆうこう	じょうぎ	ひたい

(二) 漢字と送りがな (10)

1	2	3	4	5
寄せる	営む	告げる	勢い	快い

(三) 部首名と部首 (10)

1	2	3
ウ	言	イ

(四) 画数 (10)

1	2	3	4	5	6	7	8	9	10
3	7	4	6	11	12	5	12	1	5

(六) 三字のじゅく語 (20)

1	2	3	4	5	6	7	8	9	10
犯	梅	準	版	逆	容	設	謝	雑	可

(八) じゅく語作り (12)

1	2	3	4	5	6
カ	サ	ウ	キ	オ	シ

(九) 音と訓 (20)

1	2	3	4	5	6	7	8	9	10
ウ	ア	イ	エ	ア	ア	イ	ウ	イ	ウ

(十) 漢字 (40)

1	2	3	4	5	6	7	8	9	10
所属	桜	合格	招	破損	貧	予測	清潔	均等	似

11	12	13	14	15	16	17	18	19	20
じこ	せ	しりょう	くら	むしゃ	きず	せっきん	はか	ちしき	かた

4	5	6	7	8	9	10
心	キ	广	エ	⺮	ケ	田

（五）じゅく語の構成（20）

1	2	3	4	5	6	7	8	9	10
イ	ア	イ	エ	ウ	ウ	ア	ア	ウ	ウ

（七）対義語・類義語（20）

1	2	3	4	5	6	7	8	9	10
独	液	現	精	静	任	眼	在	賛	経

（十）同じ読みの漢字（18）

1	2	3	4	5	6	7	8	9
益	易	最	採	買	飼	価	過	貨

11	12	13	14	15	16	17	18	19	20
肥料	枝	職員	増	伝統	示	報告	夢	移動	志

予想模擬テスト ④

標準解答

14ページ～17ページ

（一）読み (20)

1	2	3	4	5	6	7	8	9	10
けんさ	きふ	こうぞう	す	がんか	も	そくてい	こすう	しつもん	あらわ

（二）漢字と送りがな (10)

1	2	3	4	5
限る	構える	比べる	易しい	確かめる

（三）部首名と部首 (10)

1	2	3
イ	艹	エ

（四）画数 (10)

1	2	3	4	5	6	7	8	9	10
5	8	2	5	5	8	2	12	9	12

（六）三字のじゅく語 (20)

1	2	3	4	5	6	7	8	9	10
舎	仮	識	祖	際	織	解	税	統	衛

（八）じゅく語作り (12)

1	2	3	4	5	6
サ	ケ	カ	オ	シ	イ

（九）音と訓 (20)

1	2	3	4	5	6	7	8	9	10
ウ	エ	ア	イ	ア	ウ	ア	ウ	エ	イ

（十）漢字 (40)

1	2	3	4	5	6	7	8	9	10
飼育	張	原因	久	航海	耕	血液	採集	雑草	布

11	12	13	14	15	16	17	18	19	20
さいかい	みちび	えいぎょう	やぶ	せいさん	みき	ゆにゅう	すく	じゅぎょう	そな

4	5	6	7	8	9	10
氵	ケ	ロ	コ	厂	ク	貝

(五) じゅく語の構成 (20)

1	2	3	4	5	6	7	8	9	10
イ	ア	エ	ア	イ	エ	ウ	イ	ウ	エ

(七) 対義語・類義語 (20)

1	2	3	4	5	6	7	8	9	10
復	許	光	情	卒	応	準	格	災	興

(十) 同じ読みの漢字 (18)

1	2	3	4	5	6	7	8	9
建	件	象	招	逆	坂	防	暴	貿

11	12	13	14	15	16	17	18	19	20
快晴	編	想像	混	習慣	飼	減少	設	直接	情

予想模擬テスト 5

標準解答

18ページ～21ページ

(一) 読み (20)

1	2	3	4	5	6	7	8	9	10
ぶつぞう	えだ	もんく	かぎ	じょうたい	ひき	さんせい	ゆそう	かんしゃ	はか

(二) 漢字と送りがな (10)

1	2	3	4	5
招く	増える	設ける	険しい	志す

(三) 部首名と部首 (10)

1	2	3
力	忄	亻

(四) 画数 (10)

1	2	3	4	5	6	7	8	9	10
7	11	3	7	1	11	6	11	11	14

(六) 三字のじゅく語 (20)

1	2	3	4	5	6	7	8	9	10
非	衣	判	接	適	導	再	夢	準	精

(八) じゅく語作り (12)

1	2	3	4	5	6
ウ	ク	ア	シ	オ	イ

(九) 音と訓 (20)

1	2	3	4	5	6	7	8	9	10
イ	ウ	ア	ウ	エ	ア	エ	ウ	イ	ア

(十) 漢字 (40)

1	2	3	4	5	6	7	8	9	10
国境	墓	評価	過	保護	燃	規約	採点	禁止	備

11	12	13	14	15	16	17	18	19	20
きんせい	わた	ぶんかざい	ちかよ	ぼうさい	た	ぞく	きほん	ふじんふく	こ

4	5	6	7	8	9	10
宀	ケ	頁	ク	辶	扌	尸

（五）じゅく語の構成 （20）

1	2	3	4	5	6	7	8	9	10
ア	ウ	イ	エ	ア	エ	ウ	ア	イ	ウ

（七）対義語・類義語 （20）

1	2	3	4	5	6	7	8	9	10
移	過	往	解	祖	久	配	示	居	像

（十）同じ読みの漢字 （18）

1	2	3	4	5	6	7	8	9
移	写	述	術	仮	課	英	営	衛

11	12	13	14	15	16	17	18	19	20
弁当	慣	責任	築	上演	象	朝刊	厚紙	情報	罪

予想模擬テスト❻

標準解答

22ページ～25ページ

（一）読み（20）

1	2	3	4	5	6	7	8	9	10
せってい	ゆた	きのう	あま	じょうほう	は	りゃくれき	ふくすう	ていしゅつ	つね

（二）漢字と送りがな（10）

1	2	3	4	5
混ぜる	修める	支える	務める	導く

（三）部首名と部首（10）

1	2	3
オ	貝	キ

（四）画数（10）

1	2	3	4	5	6	7	8	9	10
2	11	10	14	6	8	11	13	5	7

（六）三字のじゅく語（20）

1	2	3	4	5	6	7	8	9	10
停	性	証	査	率	暴	破	故	属	告

（八）じゅく語作り（12）

1	2	3	4	5	6
オ	キ	シ	ア	カ	サ

（九）音と訓（20）

1	2	3	4	5	6	7	8	9	10
イ	ア	エ	イ	ウ	エ	ウ	ア	ウ	ア

（十）漢字（40）

1	2	3	4	5	6	7	8	9	10
不燃	逆	復活	再	有効	暴	横断	内容	評判	確

11	12	13	14	15	16	17	18	19	20
えきしゃ	こころよ	へんしゅう	つく	りゃくず	ひと	えいせい	てかげん	しゅび	いきお

4	5	6	7	8	9	10
罒	ケ	巾	ク	行	ウ	灬

（五）じゅく語の構成（20）

1	2	3	4	5	6	7	8	9	10
イ	ア	ウ	エ	ア	エ	ウ	イ	エ	イ

（七）対義語・類義語（20）

1	2	3	4	5	6	7	8	9	10
増	貧	非	質	損	職	因	素	際	序

（十）同じ読みの漢字（18）

1	2	3	4	5	6	7	8	9
借	貸	喜	旗	寄	規	制	精	政

11	12	13	14	15	16	17	18	19	20
肉眼	述	資格	留守	競技	構	勢力	限	招待	任

予想模擬テスト 7

標準解答

26ページ～29ページ

(一) 読み (20)

1	2	3	4	5	6	7	8	9	10
きょうみ	ま	たんどく	かこ	こんざつ	あらわ	ほうさく	がく	こんじきどう	あつぎ

(二) 漢字と送りがな (10)

1	2	3	4	5
迷う	絶える	備える	暴れる	殺す

(三) 部首名と部首 (10)

1	2	3
オ	リ	ウ

(四) 画数 (10)

1	2	3	4	5	6	7	8	9	10
4	10	13	15	4	6	6	7	10	11

(六) 三字のじゅく語 (20)

1	2	3	4	5	6	7	8	9	10
績	演	像	眼	圧	型	経	情	賛	綿

(八) じゅく語作り (12)

1	2	3	4	5	6
オ	イ	キ	ケ	ウ	ク

(九) 音と訓 (20)

1	2	3	4	5	6	7	8	9	10
エ	ウ	ア	イ	ウ	イ	ア	エ	ウ	ア

(十) 漢字 (40)

1	2	3	4	5	6	7	8	9	10
性質	居間	指導	的確	毛布	険	基本	標識	能力	似

11	12	13	14	15	16	17	18	19	20
ひりつ	みがま	そしき	ひと	よけい	きんいつ	かくほ	と	おんてい	か

4	5	6	7	8	9	10
扌	工	ネ	ケ	力	力	辶

(五) じゅく語の構成 (20)

1	2	3	4	5	6	7	8	9	10
ア	ウ	エ	イ	ウ	ア	エ	イ	ウ	ア

(七) 対義語・類義語 (20)

1	2	3	4	5	6	7	8	9	10
断	無	逆	確	支	師	均	術	永	任

(十) 同じ読みの漢字 (18)

1	2	3	4	5	6	7	8	9
厚	熱	慣	刊	在	材	再	採	災

11	12	13	14	15	16	17	18	19	20
移転	寄	祖母	許	出張	留	観測	織	出版	仏

予想模擬テスト 8

標準解答

30ページ～33ページ

(一) 読み (20)

1	2	3	4	5	6	7	8	9	10
そこく	ずはん	ようい	じほう	りゅうがく	まず	はんてい	むちゅう	かいしゅう	きじゅつ

(二) 漢字と送りがな (10)

1	2	3	4	5
燃える	豊かな	再び	逆らう	解ける

(三) 部首名と部首 (10)

1	2	3
ウ	イ	ク

(四) 画数 (10)

1	2	3	4	5	6	7	8	9	10
5	6	6	8	5	11	5	13	12	14

(六) 三字のじゅく語 (20)

1	2	3	4	5	6	7	8	9	10
造	属	財	技	講	境	非	慣	輸	在

(八) じゅく語作り (12)

1	2	3	4	5	6
カ	ア	サ	エ	コ	オ

(九) 音と訓 (20)

1	2	3	4	5	6	7	8	9	10
ア	イ	ウ	エ	ア	ウ	イ	ア	エ	ウ

(十) 漢字 (40)

1	2	3	4	5	6	7	8	9	10
準備	幹	職務	移	復興	手品師	序章	護衛	証明	勢

11	12	13	14	15	16	17	18	19	20
ようりょう	うつ	せいせき	たも	ぶし	せいげん	ゆういぎ	まか	あっしょう	ほとけ

4	5	6	7	8	9	10
阝	亻	夂	扌	八	キ	衣

(五) じゅく語の構成 (20)

1	2	3	4	5	6	7	8	9	10
ア	ウ	エ	ア	ア	イ	エ	イ	イ	エ

(七) 対義語・類義語 (20)

1	2	3	4	5	6	7	8	9	10
絶	清	提	可	枝	総	独	素	築	功

(十) 同じ読みの漢字 (18)

1	2	3	4	5	6	7	8	9
絶	建	均	禁	支	志	性	制	精

11	12	13	14	15	16	17	18	19	20
週刊	営	損害	断	調査	常	支持	防	往年	報

予想模擬テスト⑨

標準解答

34ページ〜37ページ

(一) 読み (20)

1	2	3	4	5	6	7	8	9	10
こ	つと	ぎゃくてん	き	じっさい	しょうじょう	どうぞう	ぎんが	はそん	さくらがい

(二) 漢字と送りがな (10)

1	2	3	4	5
防ぐ	久しく	謝る	慣れる	述べる

(三) 部首名と部首 (10)

1	2	3
カ	禾	オ

(四) 画数 (10)

1	2	3	4	5	6	7	8	9	10
5	8	8	14	4	8	8	15	12	15

(六) 三字のじゅく語 (20)

1	2	3	4	5	6	7	8	9	10
件	率	資	任	犯	鉱	幹	似	査	演

(八) じゅく語作り (12)

1	2	3	4	5	6
ア	サ	カ	オ	イ	コ

(九) 音と訓 (20)

1	2	3	4	5	6	7	8	9	10
ウ	エ	イ	ア	ウ	イ	ア	ウ	エ	ア

(十) 漢字 (40)

1	2	3	4	5	6	7	8	9	10
保護	境	技術	額	成績	余	長編	政治	貿易	過

11	12	13	14	15	16	17	18	19	20
しょぞく	えだ	ないよう	つま	はんけつ	ゆる	しょうりゃく	ことわ	こた	つく

4	5	6	7	8	9	10
酉	ク	宀	イ	貝	ウ	口

(五) じゅく語の構成 (20)

1	2	3	4	5	6	7	8	9	10
エ	イ	ア	エ	ウ	エ	イ	ウ	イ	エ

(七) 対義語・類義語 (20)

1	2	3	4	5	6	7	8	9	10
団	減	能	性	則	快	輸	測	態	資

(十) 同じ読みの漢字 (18)

1	2	3	4	5	6	7	8	9
現	表	夢	武	益	液	基	紀	規

11	12	13	14	15	16	17	18	19	20
総合	迷	期限	率	態度	支	現在	混	飼育	版

予想模擬テスト⑩ 標準解答

38ページ～41ページ

(一) 読み (20)

1	2	3	4	5	6	7	8	9	10
だんけつ	とうべん	ざっそう	きゅうご	こうひょう	な	はんざい	ほうこく	たがや	ひさ

(二) 漢字と送りがな (10)

1	2	3	4	5
散らかす	貧しい	破れる	初めて	救われる

(三) 部首名と部首 (10)

1	2	3
ウ	ォ	オ

(四) 画数 (10)

1	2	3	4	5	6	7	8	9	10
9	12	6	14	8	10	9	12	5	8

(六) 三字のじゅく語 (20)

1	2	3	4	5	6	7	8	9	10
営	築	永	飼	政	状	圧	非	得	均

(八) じゅく語作り (12)

1	2	3	4	5	6
ア	ク	カ	オ	エ	シ

(九) 音と訓 (20)

1	2	3	4	5	6	7	8	9	10
イ	ア	エ	ウ	ア	エ	ウ	ア	ウ	イ

(十) 漢字 (40)

1	2	3	4	5	6	7	8	9	10
利益	比	教師	豊	税金	寄	正義	快	通過	修

11	12	13	14	15	16	17	18	19	20
じゅんび	ま	くとうてん	しめ	しざい	ふっきゅう	めん	さかあ	あ	のう

4	5	6	7	8	9	10
广	ク	刂	エ	⺮	コ	釒

(五) じゅく語の構成 (20)

1	2	3	4	5	6	7	8	9	10
ウ	ア	エ	イ	ア	ア	ウ	エ	ウ	イ

(七) 対義語・類義語 (20)

1	2	3	4	5	6	7	8	9	10
賛	断	領	現	適	額	任	再	容	造

(十) 同じ読みの漢字 (18)

1	2	3	4	5	6	7	8	9
織	折	格	確	妻	災	布	婦	付

11	12	13	14	15	16	17	18	19	20
衛星	減	略図	解	保留	測	肥料	増	辞職	損

予想模擬テスト⑪

標準解答

42ページ～45ページ

(一) 読み (20)

1	2	3	4	5	6	7	8	9	10
しんかんせん	やさ	こころざし	おさ	せいせい	あば	こうしゃ	さいがい	おおぜい	たし

(二) 漢字と送りがな (10)

1	2	3	4	5
過ぎる	任す	厚い	保つ	許す

(三) 部首名と部首 (10)

1	2	3
イ	阝	エ

(四) 画数 (10)

1	2	3	4	5	6	7	8	9	10
3	8	6	12	6	9	9	13	5	8

(六) 三字のじゅく語 (20)

1	2	3	4	5	6	7	8	9	10
規	演	犯	導	断	務	総	寄	志	格

(八) じゅく語作り (12)

1	2	3	4	5	6
ケ	ク	ア	キ	コ	イ

(九) 音と訓 (20)

1	2	3	4	5	6	7	8	9	10
イ	ウ	ウ	ア	イ	エ	ア	ア	エ	ウ

(十) 漢字 (40)

1	2	3	4	5	6	7	8	9	10
銀河	得	営業	告	限定	逆	暗殺	建築	周囲	仮

11	12	13	14	15	16	17	18	19	20
ぎじゅつ	きんもつ	さんどう	せ	せいけつ	と	まよ	もう	さいてん	つみ

4	5	6	7	8	9	10
夂	ク	辶	才	心	ケ	土

（五）じゅく語の構成（20）

1	2	3	4	5	6	7	8	9	10
ウ	ア	イ	エ	ア	エ	イ	ウ	ウ	エ

（七）対義語・類義語（20）

1	2	3	4	5	6	7	8	9	10
略	仮	快	因	故	絶	告	績	資	導

（十）同じ読みの漢字（18）

1	2	3	4	5	6	7	8	9
解	説	豊	放	演	塩	効	構	候

11	12	13	14	15	16	17	18	19	20
検査	有毒	授業	経	賞状	妻	眼科	構	金属	余地

予想模擬テスト⑫

標準解答 46ページ～49ページ

(一) 読み (20)

1	2	3	4	5	6	7	8	9	10
しゅうり	に	つね	まね	ひょうか	にんめい	がぞう	たいど	げんいん	かけつ

(二) 漢字と送りがな (10)

1	2	3	4	5
示す	築く	測る	造る	肥える

(三) 部首名と部首 (10)

1	2	3
オ	シ	ウ

(四) 画数 (10)

1	2	3	4	5	6	7	8	9	10
2	5	3	9	5	13	4	5	10	16

(六) 三字のじゅく語 (20)

1	2	3	4	5	6	7	8	9	10
句	圧	眼	飼	減	益	術	永	松	識

(八) じゅく語作り (12)

1	2	3	4	5	6
キ	イ	シ	ア	ケ	カ

(九) 音と訓 (20)

1	2	3	4	5	6	7	8	9	10
エ	ウ	ア	イ	ア	イ	ウ	エ	ア	ウ

(十) 漢字 (40)

1	2	3	4	5	6	7	8	9	10
正確	近寄	停留	設	責	適	報告	出演	犯罪	採用

11	12	13	14	15	16	17	18	19	20
じゆうじざい	こうしゅう	せいしん	ささ	しゅっちょう	ふたた	ほご	と	お	なさ

4	5	6	7	8	9	10
貝	ケ	亻	カ	宀	エ	扌

(五) じゅく語の構成 (20)

1	2	3	4	5	6	7	8	9	10
イ	エ	イ	ウ	ア	エ	エ	ア	ウ	イ

(七) 対義語・類義語 (20)

1	2	3	4	5	6	7	8	9	10
断	禁	敗	留	応	刊	述	夢	損	周

(十) 同じ読みの漢字 (18)

1	2	3	4	5	6	7	8	9
慣	鳴	応	往	賛	酸	快	解	改

11	12	13	14	15	16	17	18	19	20
災害	粉	能率	門構	条件	象	山脈	綿	独唱	団子

予想模擬テスト⑬

標準解答　50ページ～53ページ

（一）読み（20）

1	2	3	4	5	6	7	8	9	10
きしょうだい	あ	しんきょう	けわ	えきじょう	すく	こうか	せっせん	ふくざつ	こころざ

（二）漢字と送りがな（10）

1	2	3	4	5
独り	情け	責める	耕す	省く

（三）部首名と部首（10）

1	2	3
ウ	火	オ

（四）画数（10）

1	2	3	4	5	6	7	8	9	10
6	12	4	9	4	14	9	12	2	8

（六）三字のじゅく語（20）

1	2	3	4	5	6	7	8	9	10
現	示	限	素	貯	非	慣	能	属	輸

（八）じゅく語作り（12）

1	2	3	4	5	6
ク	ア	サ	イ	コ	オ

（九）音と訓（20）

1	2	3	4	5	6	7	8	9	10
ア	ア	エ	イ	ア	イ	ア	ウ	エ	ウ

（十）漢字（40）

1	2	3	4	5	6	7	8	9	10
美術	易	程度	額	検	確	武士	再開	気圧	保

11	12	13	14	15	16	17	18	19	20
けいかい	ぼち	しんかん	いま	じょうけい	そうごう	さんみ	せいひん	ぼうりょく	としょ

4	5	6	7	8	9	10
刂	ク	日	ケ	糸	エ	彳

(五) じゅく語の構成 (20)

1	2	3	4	5	6	7	8	9	10
ア	イ	ア	エ	エ	ア	ウ	エ	ウ	イ

(七) 対義語・類義語 (20)

1	2	3	4	5	6	7	8	9	10
移	容	領	益	句	願	解	絶	任	衛

(十) 同じ読みの漢字 (18)

1	2	3	4	5	6	7	8	9
得	徳	務	夢	証	象	効	耕	航

11	12	13	14	15	16	17	18	19	20
愛護	解	火災	張	清潔	鉱山	国際	銅	記述	似

6級配当漢字表

（──は中学校、太字は高校で学習する読み）

漢字	読み方	画数	部首
圧	アツ	5	土
囲	イ かこ(む) かこ(う)	7	囗
移	イ うつ(る)・うつ(す)	11	禾
因	イン よ(る)	6	囗
永	エイ なが(い)	5	水
営	エイ いとな(む)	12	⺍
衛	エイ	16	行
易	エキ・イ やさ(しい)	8	日
益	エキ ヤク	10	皿
液	エキ	11	氵
演	エン	14	氵
応	オウ こた(える)	7	心
往	オウ	8	彳
桜	オウ さくら	10	木
可	カ	5	口
仮	カ ケ かり	6	亻
価	カ あたい	8	亻
河	カ かわ	8	氵
過	カ・す(ぎる)・す(ごす)・あやま(つ) あやま(ち)	12	辶
快	カイ こころよ(い)	7	忄
解	カイ・ゲ と(く)・と(かす) と(ける)	13	角
格	カク コウ	10	木
確	カク たし(か) たし(かめる)	15	石
額	ガク ひたい	18	頁
刊	カン	5	刂
幹	カン みき	13	干
慣	カン な(れる)・な(らす)	14	忄
眼	ガン・ゲン まなこ	11	目
紀	キ	9	糸
基	キ もと・もとい	11	土
寄	キ よ(る)・よ(せる)	11	宀
規	キ	11	見
喜	キ よろこ(ぶ)	12	口
技	ギ わざ	7	扌
義	ギ	13	羊
逆	ギャク さか・さか(らう)	9	辶
久	キュウ・ク ひさ(しい)	3	丿
旧	キュウ	5	日
救	キュウ すく(う)	11	攵
居	キョ い(る)	8	尸
許	キョ ゆる(す)	11	言
境	キョウ・ケイ さかい	14	土
均	キン	7	土
禁	キン	13	示
句	ク	5	口
型	ケイ かた	9	土
経	ケイ・キョウ へ(る)	11	糸
潔	ケツ いさぎよ(い)	15	氵
件	ケン	6	亻
険	ケン けわ(しい)	11	阝

漢字	読み方	画数	部首
検	ケン	12	木
限	ゲン かぎ(る)	9	阝
現	ゲン あらわ(す) あらわ(れる)	11	王
減	ゲン へ(る)・へ(らす)	12	氵
故	コ ゆえ	9	攵
個	コ	10	亻
護	ゴ	20	言
効	コウ き(く)	8	力
厚	コウ あつ(い)	9	厂
耕	コウ たがや(す)	10	耒
航	コウ	10	舟
鉱	コウ	13	金
構	コウ かま(える) かま(う)	14	木
興	コウ・キョウ おこ(る)・おこ(す)	16	臼
講	コウ	17	言
告	コク つ(げる)	7	口
混	コン・ま(じる) ま(ざる)・ま(ぜる) こ(む)	11	氵
査	サ	9	木
再	サイ・サ ふたた(び)	6	冂
災	サイ わざわ(い)	7	火
妻	サイ つま	8	女
採	サイ と(る)	11	扌
際	サイ きわ	14	阝
在	ザイ あ(る)	6	土
財	ザイ サイ	10	貝
罪	ザイ つみ	13	罒
殺	サツ・サイ・セツ ころ(す)	10	殳
雑	ザツ ゾウ	14	隹
酸	サン す(い)	14	酉
賛	サン	15	貝
士	シ	3	士
支	シ ささ(える)	4	支
史	シ	5	口
志	シ こころざし こころざ(す)	7	心
枝	シ えだ	8	木
師	シ	10	巾
資	シ	13	貝
飼	シ か(う)	13	飠
示	ジ・シ しめ(す)	5	示
似	ジ に(る)	7	亻
識	シキ	19	言
質	シツ・シチ チ	15	貝
舎	シャ	8	舌
謝	シャ あやま(る)	17	言
授	ジュ さず(ける) さず(かる)	11	扌
修	シュウ・シュ おさ(める) おさ(まる)	10	亻
述	ジュツ の(べる)	8	辶
術	ジュツ	11	行
準	ジュン	13	氵
序	ジョ	7	广
招	ショウ まね(く)	8	扌
証	ショウ	12	言
象	ショウ ゾウ	12	豕
賞	ショウ	15	貝
条	ジョウ	7	木

漢字	読み方	画数	部首
状	ジョウ	7	犬
常	ジョウ つね・とこ	11	巾
情	ジョウ・セイ なさ(け)	11	忄
織	シキ・ショク お(る)	18	糸
職	ショク	18	耳
制	セイ	8	刂
性	セイ ショウ	8	忄
政	セイ・ショウ まつりごと	9	攵
勢	セイ いきお(い)	13	力
精	セイ ショウ	14	米
製	セイ	14	衣
税	ゼイ	12	禾
責	セキ せ(める)	11	貝
績	セキ	17	糸
接	セツ つ(ぐ)	11	扌
設	セツ もう(ける)	11	言
絶	ゼツ・た(える) た(やす)・た(つ)	12	糸
祖	ソ	9	礻
素	ソ ス	10	糸
総	ソウ	14	糸
造	ゾウ つく(る)	10	辶
像	ゾウ	14	亻
増	ゾウ・ま(す) ふ(える)・ふ(やす)	14	土
則	ソク	9	刂
測	ソク はか(る)	12	氵
属	ゾク	12	尸
率	リツ・ソツ ひき(いる)	11	玄
損	ソン そこ(なう) そこ(ねる)	13	扌
貸	タイ か(す)	12	貝
態	タイ	14	心
団	ダン トン	6	囗
断	ダン ことわ(る)・た(つ)	11	斤
築	チク きず(く)	16	⺮
貯	チョ	12	貝
張	チョウ は(る)	11	弓
停	テイ	11	亻
提	テイ さ(げる)	12	扌
程	テイ ほど	12	禾
適	テキ	14	辶
統	トウ す(べる)	12	糸
堂	ドウ	11	土
銅	ドウ	14	金
導	ドウ みちび(く)	15	寸
得	トク え(る) う(る)	11	彳
毒	ドク	8	母
独	ドク ひと(り)	9	犭
任	ニン まか(せる) まか(す)	6	亻
燃	ネン・も(える) も(やす)・も(す)	16	火
能	ノウ	10	肉
破	ハ やぶ(る) やぶ(れる)	10	石
犯	ハン おか(す)	5	犭
判	ハン バン	7	刂
版	ハン	8	片
比	ヒ くら(べる)	4	比
肥	ヒ・こ(える)・こ(やす) こえ・こ(やし)	8	月(にくづき)

漢字	読み方	画数	部首
非	ヒ	8	非
費	ヒ / つい(やす) / つい(える)	12	貝
備	ビ / そな(える) / そな(わる)	12	亻
評	ヒョウ	12	言
貧	ビン・ヒン / まず(しい)	11	貝
布	フ / ぬの	5	巾
婦	フ	11	女
武	ブ / ム	8	止
復	フク	12	彳
複	フク	14	衤
仏	ブツ / ほとけ	4	亻
粉	フン / こ / こな	10	米
編	ヘン / あ(む)	15	糸
弁	ベン	5	廾
保	ホ / たも(つ)	9	亻
墓	ボ / はか	13	土
報	ホウ / むく(いる)	12	土
豊	ホウ / ゆた(か)	13	豆
防	ボウ / ふせ(ぐ)	7	阝
貿	ボウ	12	貝
暴	ボウ・バク / あば(れる) / あば(く)	15	日
脈	ミャク	10	月(にくづき)
務	ム / つと(める) / つと(まる)	11	力
夢	ム / ゆめ	13	夕
迷	メイ / まよ(う)	9	辶
綿	メン / わた	14	糸
輸	ユ	16	車
余	ヨ / あま(る)・あま(す)	7	人
容	ヨウ	10	宀
略	リャク	11	田
留	リュウ・ル / と(める)・と(まる)	10	田
領	リョウ	14	頁
歴	レキ	14	止

▶ 6級配当 193 字 +7級までの合計 642 字＝ **835 字**

☆21